LA IMPORTANCIA DE LLAMARSE ERNESTO

EL ABANICO DE LADY WINDERMERE

www.edaf.net
MADRID - MÉXICO - BUENOS AIRES - SANTIAGO
2024

OSCAR WILDE

LA IMPORTANCIA
DE LLAMARSE ERNESTO

EL ABANICO DE
LADY WINDERMERE

Retrato biográfico
por Alfonso Sastre

BIBLIOTECA EDAF

Diseño de cubierta: Gerardo Domínguez

© Del prólogo: Alfonso Sastre
© De la traducción: Alfonso Sastre y José Sastre
© 1993. De esta edición, Editorial EDAF, S. L. U.

Editorial EDAF, S. L.
Jorge Juan, 68. 28009 Madrid
http://www.edaf.net
edaf@edaf.net

Ediciones Algaba, S.A. de C.V.
Calle 21, Poniente 3323,
Colonia Belisario Domínguez
Puebla 72180, México
jaime.breton@edaf.com.mx

Edaf del Plata, S. A.
Chile, 2222
1227 - Buenos Aires, Argentina
edafdelplata@gmail.com
fernando.barredo@edaf.com.mx

Edaf Chile, S.A.
Huérfanos, 1179, Oficina 501
Santiago, Chile
comercialedafchile@edafchile.cl

Queda prohibida, salvo excepción prevista en la ley, cualquier forma de reproducción, distribución, comunicación pública y transformación de esta obra sin contar con la autorización de los titulares de propiedad intelectual. La infracción de los derechos mencionados puede ser constitutiva de delito contra la propiedad intelectual (art. 270 y siguientes del Código Penal). El Centro Español de Derechos Reprográficos (CEDRO) vela por el respeto de los citados derechos.

27ª edición, abril 2024

Depósito legal: M-19.025-2011
ISBN: 978-84-7640-656-4

PRINTED IN SPAIN	IMPRESO EN ESPAÑA
Service Point	

ÍNDICE

Retrato biográfico, por Alfonso Sastre 9

La importancia de llamarse Ernesto
   Acto primero 21
   Acto segundo 46
   Acto tercero 76

El abanico de Lady Windermere
   Acto primero 95
   Acto segundo 113
   Acto tercero 132
   Acto cuarto 147

RETRATO BIOGRÁFICO

«SPOILED BABY» O LA TRAGEDIA DE OSCAR WILDE

Seguro que es Ramón Pérez de Ayala quien mejor ha definido a Oscar Wilde como tipo humano. Oscar Wilde —viene a decir el ilustre escritor en su ensayo sobre Oscar Wilde o el espíritu de contradicción[1]— es el tipo característico del «spoiled baby», o sea, del «niño echado a perder», del —se diría con acento patético— «hombre frustrado». En este caso lo fue por los excesos del mimo en su edad juvenil y, como tanto eso, por los excesos de la crueldad de sus contemporáneos, cuando más necesitado estaba de la piedad de todos. Dibuja Oscar Wilde así, pero no con rasgos exteriores, sino con la trama brillante y doliente de su propia vida, la figura del niño mimado sobre el que siempre caen, cuando cesan, desparecen o se retiran hastiados sus adoradores, las fuerzas opresoras de un castigo desmesurado. Tan innoble, diríamos, es la divertida complacencia con las gracias del niño miado, esa complacencia que tanto tiene de complicidad, como lo es la sucia violencia con que, un día, la criatura es arrojada del hogar y condenada a la ignominia. Este es el caso de Oscar Wilde, que apunta siempre, por encima de cualquier consideración literaria (¡Wilde nunca nos hubiera perdonado que consideráramos su caso al margen de la pura literatura!), a una acusación a la sociedad inglesa que creó el

---

[1]. Véase *Las máscaras,* de Ramón Pérez de Ayala.

tipo para destruirlo, hizo la criatura para la final, destinarla a un gran banquete antropofágico: de nuevo —¿y hasta cuándo?— el mito de Saturno. ¿Y para qué insistir en la crueldad con que fue tratado si esto es de sobra conocido? «Oscar Wilde —escribe Arnold Hauser en su notable *Historia social de la literatura y el arte*— es un escritor burgués triunfante mientras parece soportable a la clase dominante, pero tan pronto como comienza a disgustarla es liquidado sin compasión.» Él no se había dado cuenta de cuáles eran sus fuerzas y cuáles las de su enemigo y en qué medio movedizo trataba de establecer la solidez de su postura; de modo que el día que firmó su denuncia contra lord Queensberry había firmado, sin saberlo, su sentencia de muerte: los dos años de trabajos forzados en la cárcel de Reading, en la que «el genio de la década amarilla», como lo llama su biógrafo Frances Winmar[2], sería solo el forzado C. 33. Y luego el vagabundaje, el seudónimo, la incapacidad para el trabajo, un poco de alcohol y de miseria, y la muerte en París entre pocos amigos, de los que Robert Rosss había sido el más devoto y dedicado, sin que le fuera posible, cuando Oscar entró en barrena, hacer algo más que ser un patético testigo de la decadencia y de la muerte.

No se trata de pasar aquí el «film» de la vida de Oscar Wilde. El decorado —la Inglaterra victoriana— es sobradamente conocido. También el clima estético que correspondía a una situación de bienestar y seguridad burgueses y de amenazas, más o menos larvadas o patentes, desde las capas populares, cuyas reivindicaciones empiezan a llegar, amortiguadas, a los oídos de los hombres satisfechos en las altas esferas burguesas desde las que se ejerce el mandato económico del vasto

---

[2]. Para el lector que tenga interés por la biografía detallada de O. W. son recomendables, junto al citado libro de Frances Winwar, los ya clásicos *Vida y confesiones de Oscar Wilde*, de Frank Harris, y los dos de Sherard *La vida de O. W.* y *El verdadero O. W.* También es notable la biografía de Oscar Wilde por el novelista español Sebastián Juan Arbó, y la de Joseph Pearce: *Oscar Wilde, la verdad sin máscaras*.

mundo del imperio. Un arte oficial, académico, que es un signo elocuente del mal gusto. Y frente a todo esto, pero sin enlazar con el espíritu revolucionario del proletariado, un esteticismo inconformista, a mil leguas de una verdadera actitud revolucionaria y a dos pasos de un nihilismo que no sabía decir su nombre: el nihilismo de la sensualidad epicúrea de la «plenitud» de la forma, del «éxtasis» ante la belleza. «Mantenerse en éxtasis es triunfar en la vida», había dicho Walter Pater, y había sido escuchado ávidamente por los jóvenes rebeldes como Wilde, que admiraban ya a Ruskin, en quien, sin embargo, quizá empezaron a advertir, después de la irrupción de Pater en el ambiente universitario de Oxford, ciertos componentes «moralistas» un poco desagradables; después de todo, el arte era considerado por Ruskin como una «cuestión pública», y tal consideración implicaba un cierto tipo de actitud «política» que no podía ser grato al espíritu de un esteticista puro, de un escritor verdaderamente «decadente». «Los decadentes—ha dicho Hauser en la obra citada—eran hedonistas con remordimientos de conciencia». Tales remordimientos, añadiremos nosotros, formaban parte de su voluptuosidad. William Morris daría un paso hacia delante con relación a lo que se ha llamado [3] el «socialismo estético» de Ruskin. Para este, la transformación de la sociedad se conseguirá por la educación estética del pueblo. Pero fue Morris quien, como dice Hauser, «sacó la última conclusión de la doctrina ruskiniana de la implicación del destino del arte en el de la sociedad, y se convenció de que hacer socialistas es tarea más urgente que hacer buen arte». Esta es, digamos, la tendencia progresista, en la que Walter Pater —con su famosa obra *El renacimiento* y con su magisterio en general—significa un anclaje seductor para los jóvenes rebeldes que estaban dispuestos, sobre todo después del rechazo de lo «oficinal» y caduco, al rechazo de cualquier otro compromiso y a la entrega hedonista.

---

[3]. Véase *Historia del teatro europeo,* vol V, S. Ignatov.

Este es el mapa espiritual de la vida de Wilde. Por él han de transcurrir forzosamente sus itinerarios, y estas condiciones nos explican, a fin de cuentas, su figura. Lo demás es, como decíamos, el «film», la trama, el argumento.

Encontramos en Oxford a este irlandés que había nacido en 1854, hijo de un médico (el que, según cuenta George Bernard Shaw, tratando de corregir el estrabismo de su padre, solo consiguió que fuera estrábico hacia el otro lado) y de una ardiente nacionalista: Speranza. Lo encontramos escuchando a Ruskin, admirando a Pater, admirando a Whistler. Viaja a Roma, a Grecia. A su regreso vive con gracia diversos episodios. Nace su pasión Lily Langtry. Frecuenta los salones y brilla en ellos; es el número fuerte. Publica sus primeros poemas y recibe una dura crítica. Su figura, ya famosa, es parodiada en el teatro. Escribe *Vera o los nihilistas* (1880), porque, sobre todo, necesita ganar dinero— la herencia de su padre toca a su fin—, pero no consigue despertar un gran interés por este lejano tema. En 1882 desembarca en los Estados Unidos para dar conferencias; en la aduana dice que no tiene otra cosa que declarar que su«genio». Ya tiene una fama equívoca, y a él le divierte. Juega. Conoce a Whitman. A su regreso a Londres sigue siendo una *vedette* de los salones, sobre todo en el de Speranza, su madre. Después el «film» sigue en París. Adora a Balzac y se pone como él, una bata blanca para escribir; hace *La duquesa de Padua* (1883) y trabaja en el poema "La esfinge», que se publicaría en 1884. Se trata —para él—de hacer «nada más que estilo» y, naturalmente, emplear «adjetivos desusados». «El arte es el desorden», ha oído Wilde a un camarero de un café, y él repite la frase, complacido. Conoce a Hugo, a Edmond de Goncourt y al joven Sherard, que habría de escribir sobre él. Y vuelve a Londres enriquecido de frases, de experiencias, de sorprendentes y brillantes mixtificaciones. (De los Estados Unidos, por ejemplo, cuenta mil cosas divertidas. Había un cafetín con pianista y encima de piano un cartel: «No disparen contra él». Hace lo que puede. «Esta última temporada, sin embargo —resumía

Wilde—, ha habido una gran mortandad de pianistas.») Es entonces cuando conoce a Constanza, la que sería su mujer. Su casa de Tite Street en Chelsea será un gran palco de atracción. Pone interés a este momento el mal humor de Whistler —el pintor de *La Mariposa*—contra Wilde. El esteticismo está en pleno furor. En 1874 se ha publicado *Las diabólicas*, de D'Aurevilly. En 1884, *A rebours*, de Huysmans. Todo está preparado para la obra maestra de Wilde: *El retrato de Dorian Gray*, que se publica en 1891. El parentesco de Dorian Gray con Jean des Esseintes, el protagonista de *A rebours*, es evidente. Dorian Gray, a su vez, sería el hermano mayor de otros personajes literarios y el modelo de los jóvenes estetas decadentes. El «film» de la vida de Oscar Wilde ha entrado en su último decenio. Desde ahora tendrá la estructura extraña y atractiva de una riente tragedia. En 1891 recibe a dos jóvenes visitantes: uno de ellos es Alfred Douglas.

Lo que sigue es, sencillamente, la historia del éxito literario y del fracaso vital de Oscar Wilde. Él prepara el estreno de *El abanico de lady Windermere*—que sería un enorme éxito—y ya es general la fama equívoca de Wilde, en la que fueron asentadas las raíces de su destrucción. El estreno del *Abanico* se celebra en el St. James's Theatre, de Londres, en febrero de 1892, y el aplauso es unánime. Vendrían después *Una mujer sin importancia*, estrenada en 1893, y el conflicto con la censura provocado por su obra *Salomé*, drama poético que había escrito en París, seguramente bajo la influencia de *La princesa Malena*, de Maurice Materlink[4]. Sigue su relación, constante y devota, con Alfred Douglas, lo que motiva la visita —en 1894— del marqués de Queensberry, el irascible padre del muchacho. Wilde no tolera el tono agresivo del marqués y lo despide de su casa. La guerra, desde entonces, está formalmente declarada. La vida sigue en torno y se acentúa el acento «amarillo» de la década. *El libro amarillo*, una

---

[4]. *Salomé*, prohibida por el lord chambelán, «censor de comedias», de Londres, fue estrenada en París en 1896 durante la condena de Wilde en Reading.

publicación situada en la estética de Wilde, no cuenta, sin embargo, con él entre sus colaboradores, lo que disgusta a Wilde, que se siente desplazado. ¿Y por qué? ¿Por quiénes? Douglas le pide un trabajo para *El camaleón,* una publicación universitaria de Oxford con intención escandalosa y poética, y Wilde acepta, sin tener idea del contenido que iba a tener la revista, que publicaría el desenfadado poema Dos amores, de Douglas. Estrena *La importancia de llamarse Ernesto* (1895), y su éxito le permite viajar; se marcha a Argel con lord Alfred Douglas. (Allí hablará con André Gide, que después nos contará sus impresines de Wilde y del muchacho.).

A la vuelta de Argel se entregan una tarjeta de Queensberry en la que este alude al gusto de Wilde por «pasar de sodomita». Wilde se siente fuerte y ultrajado, y hace —irreflexivamente— el gesto de su perdición: denuncia ante la policía a Queensberry «por libelo». Se cursa una orden de arresto contra el marqués y, mientras llega el día del juicio, Wilde y «Bosie» Douglas se marchan a Montecarlo en unas pequeñas vacaciones. Queensberry es absuelto y el aparato judicial se vuelve contra Wilde. Si Queensberry no es un «liberalista», esto quiere decir que existen sospechas muy fundadas de que Wilde sea homosexual.

En este mismo año de 1895 se celebra el primer proceso contra Wilde, qu terminaría con su libertad provisional. Poco tiempo después se celebra la segunda fase del proceso, y en noviembre Oscar Wilde es conducido a la cárcel de Reading para cumplir una condena de dos años de trabajos forzados. Allí escribirá su De profundis, que sería publicado en 1905 por Robert Ross.

Saldrá en 1897. Pasará en secreto a Dieppe y de allí a Berneval-Sur-Mer, donde dirá llamarse «Sebastián Melmoth». Escribirá, con escaso ánimo, su *Tragedia florentina.* En 1898 publicará su célebre *Balada de la cárcel de Reading*, firmada por el penado C. 33. En 1900, después de tres años de vagabundo literario en el que todavía era posible reconocer el antes espléndido brillo de su ingenio, muere en París y su cadáver es conducido al cementerio de Bagneux, desde donde más tarde sería trasladado al Père Lachaise, en el que reposa en la actualidad bajo un monumento funerario de Epstein. El «film»ha terminado, por fin, en una tarde triste. Están lejos las brillantes jornadas de Tite Street y solo queda el recuerdo de aquel peinado «neroniano» del que Wilde daba noticia en una carta a Shepard: «Casi nadie me reconoce, y todos aseguran que me hace muy joven, lo cual desde luego es delicioso.»

Durante el proceso, el abogado Carson le había interrogado sobre determinada reunión con unos jóvenes, durante la cual probablemente se había bebido algo:

—¿*Suele usted beber champaña?*— le pregunto.

—*Sí*—contesto Wilde—. *Helado es una de mis bebidas favoritas; por cierto muy en contra de las prescripciones de mi médico.*

Carson le cortó, malhumorado.

—*No tomemos en cuenta las prescripciones de su médico.*

—*Nunca las he tomado en cuenta*—replicó Wilde.

Así replicaba Wilde, spoiled baby, niño «echado a perder» a las asechanzas de un formalismo legal, de un convencionalismo vacuo tras el que, sin embargo, se ocultaba, agazapada, una turba de plácidos monstruos que podían destrozarlo, y así lo hicieron, con un ligero movimiento de malhumor. Ellos no entendería nada. Ellos eran culpables de una multitud de pecados —el egoísmo, la ignorancia, la hipocresía, la mentira…— salvo, probablemente, el de la sodomía, que les hacía rasgarse cuidadosamente las vestiduras. Esta es, en fin, la vergüenza que señalamos sobre la raza turbia de los cómplices-acusadores.

Años después de su muerte, la sombra de Oscar Wilde fue sentada, como lo había sido él mismo, en el banquillo de los acusados con ocasión del proceso contra el escritor Billing, acusado por la bailarina Maud Allan. Billing había escrito sobre la supuesta inmoralidad de Maud Allan, quien gustaba de bailar la danza de los siete velos de Salomé. Billing fue absuelto, con lo que se aceptaba indirectamente su tesis de la inmoralidad de cierta literatura que él consideraba como corrompida y corruptora. Lord Alfred Douglas manifestó durante el proceso que «Wilde jamás escribió sin intención nociva y sentimiento pervertido». Esta fue su oración sobre el sepulcro del desgraciado escritor que había tratado de hacer de su vida «una obra de arte» y solo había conseguido—¿podía ser de otro modo?— construir una piedra de escándalo, lo cual es evidente en la variedad de las encontradas opiniones que se han dado sobre su vida y en torno de su obra. «Tiene —escribió George Bernard Shaw cuando el estreno de *Un marido ideal*— la propiedad de entontecer a los críticos.» «Me hace el efecto —nos cuenta Pérez de Ayala que le dijo Ramiro de Maeztu cuando leyó el *De profundis*— de un dandy que, aun después de muerto, se presentase ante el eterno tribunal de Dios fumando con petulencia un cigarrillo de boquilla dorada y…» Pero de Wilde se ha pensado todo, incluso esto, salido de la mente piadosa de la señora Bremont: «Oscar Wilde hubiera sido una mujer buena y noble si su alma se hubiera alojado en un órgano acomodado, en su cerebro femenino.» ¡Para qué seguir!

Se ha citado mil veces la frase de Wilde según la cual él habría puesto su genio en su vida «y solo su talento en su obra». ¿Estaremos de acuerdo? ¿Qué pensar ahora de su vida?¿Qué pensar de su obra? Al lector, «puesto en situación» por este pórtico, corresponde decirlo, más allá del placer literario que, sin duda, experimentará. Para nosotros, Wilde significa una consecuencia extrema de la «tripartición» del hombre por el kantismo; este hombre que se concibe entonces como una razón sin raíces prácticas para la construcción de la metafísica, una voluntad que es la fuente de una ética autónoma, sin ningún fundamento metafísico, y una sensibilidad a la que corresponde la esfera, ajena a la metafísica y a la moral , de la estética. Desde aquí se llega a la tesis, superada después por el pensamiento y el arte contemporáneos, del «arte por el arte».

Solo que Wilde, por muy al margen que uno se encuentre de su espíritu, es una figura que —diríamos— «se hace querer». Nos lo figuramos aquella mañana de Oxford en que unos compañeros virilmente brutos lo llevaron a la fuerza a una colina próxima y lo golpearon sin piedad, como castigo, quizá, por la brillantez de sus réplicas en la conversación o por sus maneras exquisitas y su atuendo extravagante. Cuando dejaron de golpearlo, Wilde se levantó calmosamente, puso un poco en orden su traje, se ordenó el cabello y, mirando a lo lejos, comentó complacido: «Desde luego es delicioso el paisaje desde esta colina.»

Sus compañeros no supieron qué hacer entonces.

Años después lo sabrían.

Alfonso Sastre
Madrid, julio de 1961.

LA IMPORTANCIA
DE LLAMARSE ERNESTO

PERSONAJES

JOHN WORTHING, J. P.
ALGERNON MONCRIEFF.
REV. CANON CHAUSUBLE, D. D.
MERRIMAN, mayordomo.
LANE, criado.
LADY BRACKNELL.
HON. GWENDOLEN FAIRFAX.
CECILY CARDEW.
MISS PRISM, institutriz.

ACTO PRIMERO

Escena: una habitación del piso de Algernon en Half-Moon Street, en Londres. Tiempo: el actual. La habitación está lujosa y artísticamente amueblada. Se oyen las notas de un piano en la habitación de al lado.

Lane está sirviendo el té sobre la mesa. Después que la música cesa, entra *Algernon*.

ALGERNON.— ¿Ha oído lo que estaba tocando, Lane?
LANE.— No creo que sea de buena educación escuchar, señor.
ALGERNON.—Lo siento por usted. No toco muy bien..., todo el mundo puede tocar bien..., pero toco con una expresión maravillosa. En lo que se refiere al piano, el sentimiento es mi fuerte. Guardo la ciencia para la vida.
LANE.—Sí, señor.
ALGERNON.—Y, hablando de la ciencia de la vida: ¿ha preparado los bocadillos de pepino para lady Bracknell?
LANE.—Sí, señor. *(Se los enseña sobre una bandeja.)*
ALGERNON.—*(Los examina, coge dos y se sienta en el sofá.)* ¡Oh!... A propósito, Lane: he visto en su libro que el jueves por la noche, cuando lord Shoreman y míster Worthing estuvieron cenando conmigo, anotó que se habían consumido ocho botellas de champaña.
LANE.—Sí, señor: ocho botellas y una pinta.
ALGERNON.—¿Por qué será que en la casa de un soltero

son siempre los criados los que se beben el champaña? Lo pregunto simplemente por curiosidad.

LANE.—Yo lo atribuyo a la superior calidad del vino, señor. He observado frecuentemente que en las casas de los señores casados el champaña raras veces es de primera calidad.

ALGERNON.—¡Cielo santo! ¿Es tan desmoralizador el matrimonio?

LANE.—Creo que es un estado muy agradable, señor. Hasta ahora tengo muy poca experiencia. Solo he estado casado una vez. Fue a causa de un error entre una joven y yo.

ALGERNON.—*(Lánguidamente.)* No estoy muy interesado en su vida familiar, Lane.

LANE.—No, señor; no es un tema muy interesante. Yo nunca pienso en ella.

ALGERNON.—Es muy natural. Eso es todo, Lane. Gracias.

LANE.—Gracias, señor. *(Lane se va.)*

ALGERNON.—Los puntos de vista de Lane sobre el matrimonio parecen algo flojos. Realmente, si las clases bajas no dan buen ejemplo, ¿para qué demonios sirven? Como clase social, parece que no tienen absolutamente ningún sentido de la responsabilidad moral. *(Entra Lane.)*

LANE.—Míster Ernest Worthing. *(Entra Jack. Lane se va.)*

ALGERNON.—¿Cómo estás, querido Ernest? ¿Qué te trae a la ciudad?

JACK.—¡Oh! ¡El placer, el placer! ¿Qué otra cosa puede ser? ¡Ya veo que tú estás comiendo, como de costumbre, Algy!

ALGERNON.—*(Severamente.)* Creo que es costumbre en la buena sociedad tomar un ligero refrigerio a las cinco. ¿Dónde has estado desde el jueves pasado?

JACK.—*(Sentándose en el sofá.)* En el campo.

ALGERNON.—¿Y qué demonios haces allí?

JACK.—*(Quitándose los guantes.)* Cuando uno está en la ciudad, se divierte. Cuando uno está en el campo, divierte a los demás. Lo cual es muy aburrido.

ALGERNON.—¿Y quiénes son esos a los que diviertes?

JACK.—*(Alegremente.)* ¡Oh! Vecinos, vecinos.

ALGERNON.—¿Tienes buenos vecinos en Shropshire?

JACK.—¡Perfectamente horribles! Nunca hablo con ninguno.

ALGERNON.—¡Cuánto debes divertirlos! *(Se levanta y coge un bocadillo.)* A propósito, tú naciste en Shropshire, ¿verdad?

JACK.—¿Eh? ¿Shropshire? Sí, desde luego. ¡Vaya! ¿Por qué todas estas tazas? ¿Por qué estos bocadillos de pepino? ¿Por qué tanto derroche en un hombre tan joven como tú? ¿Quién va a venir a tomar el té?

ALGERNON.—¡Oh! Simplemente mi tía Augusta y Gwendolen.

JACK.—¡Qué delicioso!

ALGERNON.—Sí, todo está muy bien; pero me temo que tía Augusta no apruebe el que tú estés aquí.

JACK.—¿Puedo preguntar por qué?

ALGERNON.—Querido amigo, la forma que tienes de flirtear con Gwendolen es vergonzosa. Casi tanto como la forma que Gwendolen tiene de flirtear contigo.

JACK.—Amo a Gwendolen. He venido a la ciudad expresamente para declararme.

ALGERNON.—Creí que habías venido en busca de placer. Yo a esto lo llamo negocios.

JACK.—¡Qué poco romántico eres!

ALGERNON.—Realmente no veo nada romántico en declararse. Estar enamorado es muy romántico. Pero no hay nada romántico en una declaración definitiva. Hasta le pueden decir a uno que sí. Y creo que la mayoría de las veces ocurre de esa forma. Entonces termina la pasión. La verdadera esencia del romanticismo es la incertidumbre. Si alguna vez me caso, procuraré olvidar el hecho.

JACK.—No me cabe duda de eso, querido Algy. El divorcio fue inventado especialmente para la gente cuya memoria está tan curiosamente constituida.

ALGERNON.—¡Oh! Es inútil discutir sobre este tema. Los divorcios se lle*van a cabo en el cielo... (Jack hace ademán de* *coger un bocadillo. Algernon se interpone rápidamente.)* Por favor, no toques los bocadillos de pepino. Están preparados especialmente para tía Augusta. *(Coge uno y se lo come.)*

JACK.—Pero si tú has estado comiéndotelos todo el rato.

ALGERNON.—Es compactamente diferente. Es mi tía. *(Coge el plato de debajo.)* Come pan con mantequilla. El pan y la mantequilla son para Gwendolen. A Gwendolen le gusta con locura el pan con mantequilla.

JACK.—*(Dirigiéndose a la mesa y sirviéndose.)* Y este pan y esta mantequilla están muy buenos.

ALGERNON.—Bien, querido amigo, no necesitas comer como si fueras a terminar con todo. Actúas como si ya estuvieras casado con ella. Y todavía no lo estás, ni creo que lo estés nunca.

JACK.—¿Por qué demonios dices eso?

ALGERNON.—Bien, en primer lugar las muchachas nunca se casan con los hombres con quienes coquetean. No lo ven bien.

JACK.—¡Oh! ¡Eso es una tontería!

ALGERNON.—No lo es. Es una gran verdad. Eso es la causa del extraordinario número de solteros que hay en todos los sitios. En segundo lugar, yo no doy mi consentimiento.

JACK.—¡Tu consentimiento!

ALGERNON.—Mi querido amigo, Gwendolen es mi prima carnal. Y antes de permitir que tú te cases con ella tendrás que aclararme todo el asunto de Cecily. *(Toca el timbre.)*

JACK.—¡Cecily! ¿Qué quieres decir? ¿Qué es eso de Cecily? No conozco a nadie que se llame Cecily. *(Entra Lane.)*

ALGERNON.—Tráigame la pitillera que míster Worthing se dejó en el salón de fumar la última vez que cenó aquí.

LANE.—Sí, señor. *(Lane se va.)*

JACK.—¿Quieres decir que has tenido mi pitillera todo este tiempo? Me gustaría que hubieras tenido la amabilidad de hacérmelo saber. He escrito cartas iracundas a Scotland Yard sobre este asunto. Estuve a punto de ofrecer una gran recompensa.

ALGERNON.—Bien, pues me gustaría que la ofrecieras Estoy más falto de dinero que de costumbre.

JACK.—No estaría bien ofrecer una gran recompensa ahora que el objeto ha sido hallado. *(Entra Lane con la pitillera sobre una bandeja. Algernon la coge inmediatamente. Lane se va.)*

ALGERNON.—Debo decirte, Ernest, que pecas un poco de roñosería. *(Abre la pitillera y la examina.)* Sin embargo, no importa, porque ahora que veo la inscripción que hay dentro me doy cuenta de que el objeto, después de todo, no es tuyo.

JACK.—Naturalmente que es mío. *(Dirigiéndose hacia él.)* Lo has visto en mi mano cientos de veces, y no tienes ningún derecho a leer lo que hay escrito en la parte de dentro. No es de caballeros leer la inscripción de una pitillera personal.

ALGERNON.—¡Oh! Es absurdo tener una sola regla sobre lo que debe o no debe leerse. Más de la mitad de la cultura moderna depende de lo que no debe leerse.

JACK.—Estoy completamente de acuerdo con eso y no me propongo discutir sobre cultura moderna. Es de la clase de cosas de que uno no debe hablar en privado. Simplemente quiero mi pitillera.

ALGERNON.—Sí; pero esta pitillera no es tuya. Esta pitillera es un regalo de alguien que se llama Cecily, y tú has dicho que no conoces a nadie con ese nombre.

JACK.—Bien, si quieres saberlo, Cecily es mi tía.

ALGERNON.—¡Tu tía!

JACK.—Sí. Es una vieja encantadora. Vive en Tunbridge Wells. Devuélveme eso, Algy.

ALGERNON.—*(Poniéndose tras el sofá.)* Pero ¿por qué se llama a sí misma la pequeña Cecily, si es tía tuya y vive en Tunbridge Wells? *(Leyendo.)* "De la pequeña Cecily, con su más tierno amor."

JACK.—*(Dirigiéndose hacia el sofá y arrodillándose sobre él.)* Querido amigo, ¿qué hay de raro en eso? Algunas tías son altas y otras no lo son. Esa es una cosa que seguramente una tía puede decidir por sí misma. ¡Parece que crees que todas las tías deben ser exactamente como la tuya! ¡Eso es absurdo! Dame de una vez mi pitillera. *(Persigue a Algernon por toda la habitación.)*

ALGERNON.—Sí. Pero entonces ¿por qué tu tía te llama tío suyo? "De la pequeña Cecily, con su más tierno amor, a su querido tío Jack." Admito que no hay nada extraño en que una tía sea baja, pero que una tía llame a su propio sobrino tío, no puedo llegar a entenderlo. Además, tu nombre no es Jack, sino Ernest.

JACK.—No es Ernest; es Jack.

ALGERNON.—Tú siempre me has dicho que era Ernest. Te he presentado a todos como Ernest. Respondes al nombre de Ernest. Tienes aspecto de llamarte Ernest. Eres la persona de aspecto más formal que he visto en mi vida. Es perfectamente absurdo decir que tu nombre no es Ernest. Lo dicen tus tarjetas. Aquí hay una de ellas. *(Sacando una de la pitillera.)* «Míster Ernest Worthing, B. 4, The Albany.» La conservaré como prueba de que tu nombre es Ernest, por si alguna vez intentas negármelo a mí, a Gwendolen o a cualquier otra persona. *(Se guarda la tarjeta en el bolsillo.)*

JACK.—Bueno, mi nombre es Ernest en la ciudad y Jack en el campo, y la pitillera me la regalaron en el campo.

ALGERNON.—Sí, pero eso no explica el hecho de que tu pequeña tía Cecily, que vive en Tunbridge Wells, te llame querido tío. Vamos, chico, lo mejor es que me digas todo.

JACK.—Mi querido Algy, hablas exactamente como si fueras un dentista. Es muy vulgar hablar como un dentista cuando uno no lo es. Produce una falsa impresión.

ALGERNON.—Bueno, eso es exactamente lo que hacen los dentistas. ¡Ahora, venga, dímelo todo! Puedo decirte que siempre sospeché que eras un secreto y consumado bunburysta; ahora estoy completamente seguro de ello.

JACK.—¿Bunburysta? ¿Qué diablos quiere decir bunburysta?

ALGERNON.—Te revelaré el significado de esa incomparable expresión tan pronto como me digas por qué eres Ernest en la ciudad y Jack en el campo.

JACK.—Bueno, primero dame mi pitillera.

ALGERNON.—Aquí la tienes. *(Le da la pitillera.)* Ahora dame la explicación, y procura que sea lo bastante inverosímil. *(Se sienta en el sofá.)*

JACK.—Querido amigo, no hay nada inverosímil en mi explicación. En realidad, es muy vulgar. El viejo míster Thomas Cardew, que me adoptó cuando yo era un niño, me nombró tutor de su nieta, miss Cecily Cardew. Cecily, que me llama tío por motivos de respeto que probablemente tú no puedes apreciar, vive en mi casa de campo bajo el cuidado de su admirable institutriz, miss Prism.

ALGERNON.—A propósito: ¿dónde está tu casa de campo?

JACK.—Eso no te importa, querido amigo. No voy a invitarte. Pero sí puedo decirte que no está en Shropshire.

ALGERNON.—¡Eso ya lo sopechaba yo! He bunburyzado todo Shropshire en dos ocasiones distintas. Ahora, sigue. ¿Por qué eres Ernest en la ciudad y Jack en el campo?

JACK.—Mi querido Algy, no sé si serás capaz de entender mis verdaderos motivos. No eres lo bastante serio. Cuando uno tiene el cargo de tutor, debe adoptar una actitud moral muy elevada en todos los aspectos. Es un deber hacerlo así. Y como una actitud moral elevada raras veces conduce a tener felicidad y salud para poder venir a la ciudad, siempre he fingido tener un hermano menor llamado Ernest, que vive en Albany y que siempre tiene terribles complicaciones. Esa, mi querido Algy, es toda la pura y simple verdad.

ALGERNON.—La verdad raras veces es pura y nunca es simple. La vida moderna sería muy aburrida si la verdad fuera así, y la literatura moderna sería completamente imposible.

JACK.—Eso no estaría del todo mal.

ALGERNON.—La crítica literaria no es tu fuerte, querido amigo; no intentes hacerla. Debes dejarla para la gente que no ha estado en la universidad. En los periódicos la hacen muy bien. Realmente, tú eres un bunburysta. Tengo razón por completo al decir que eres un bunburysta. Eres uno de los más acérrimos bunburystas que conozco.

JACK.—¿Qué demonios quieres decir?

ALGERNON.—Tú has inventado un hermano menor muy útil llamado Ernest para poder venir a la ciudad siempre que quieras. Yo he inventado un inestimable inválido llamado Bunbury para poder ir al campo cuando me parezca. Bunbury es completamente inestimable. Si no fuera por la extraordinaria mala salud de Bunbury, yo no podría, por ejemplo, ir a cenar contigo esta noche a Willis, porque tengo un compromiso con tía Augusta desde hace más de una semana.

JACK.—Yo no te he invitado a cenar conmigo esta noche a ningún sitio.

ALGERNON.—Ya lo sé. Eres completamente descuidado en eso de hacer invitaciones. Es una tontería por tu parte. Nada enfada tanto a la gente como no recibir invitaciones.

JACK.—Sería mejor que cenaras con tu tía Augusta.

ALGERNON.—No tengo la intención de hacer tal cosa. En primer lugar cené con ella el lunes, y cenar con los parientes una vez por semana ya es bastante. En segundo lugar, cuando ceno allí me tratan como a un miembro de la familia, y siempre me hacen marcharme sin ninguna mujer o con dos a la vez. En tercer lugar, sé perfectamente bien junto a la persona que me colocarían esta noche. Sería junto a Mary Farquhar, que siempre coquetea con su propio marido a través de la mesa. Eso no es muy agradable. En realidad, ni siquiera es decente... Y es una clase de cosas a las que la gente se acostumbra cada día más. Es perfectamente escandalosa la cantidad de mujeres que en Londres flirtean con sus propios maridos. Eso no está bien. Es exactamente como si uno llevara en público la ropa interior. Además, ahora que sé que eres un verdadero bunburysta, es natural que quiera hablar contigo con respecto al bunburysmo. Quiero decirte las reglas por las que se rige.

JACK.—Yo no soy en absoluto un bunburysta. Si Gwendolen me acepta, mataré a mi hermano. En verdad creo que lo matará de todas formas. Cecily está demasiado interesada por él. Resulta un poco aburrido. Así, pues, voy a hacer desaparecer a Ernest. Y te aconsejo firmemente que hagas tú lo mismo con míster... Con ese amigo tuyo inválido que tiene un nombre tan absurdo

ALGERNON.—Nada me inducirá a deshacerme de Bunbury, y si tú llegas a casarte, lo cual me parece extremadamente problemático, te alegrarás mucho de conocer a Bunbury. Un hombre que se case sin conocer a Bunbury, siempre estará muy aburrido.

JACK.—Eso es una tontería. Si me caso con una muchacha tan encantadora como Gwendolen, y si ella es la única muchacha en el mundo con la que yo quisiera casarme, ciertamente no quiero conocer a Bunbury.

ALGERNON.—Entonces la que querrá será tu esposa. No pareces darte cuenta de que en la vida matrimonial tres son una compañía y dos no son nadie.

JACK.—*(Sentenciosamente.)* Esa, mi joven amigo, es la teoría que el corruptor teatro francés ha propagado durante los últimos cincuenta años.

ALGERNON.—Sí, y el feliz hogar inglés la ha demostrado en la mitad de ese tiempo.

JACK.—Por amor de Dios, no intentes ser cínico. Ser cínico es demasiado. fácil.

ALGERNON.—Mi querido amigo, hoy día no hay nada que sea fácil. En todo hay una enorme competición. *(Se oye el sonido de un timbre eléctrico.)* ¡Ah! Debe de ser tía Augusta. Solo los parientes o los acreedores llaman de esa forma. Si consigo entretenerla durante diez minutos, para que tengas oportunidad de declararte a Gwendolen, ¿podré cenar esta noche contigo en Willis?

JACK.—Supongo que sí, si de verdad quieres.

ALGERNON.—Sí, pero que sea verdad. Odio a la gente que miente en lo relativo a comidas. ¡Es una frivolidad tan grande! *(Entra Lane.)*

LANE.—Lady Bracknell y miss Fairfax. *(Algernon se dirige a su encuentro. Entran lady Bracknell y Gwendolen.)*

LADY BRACKNELL.—Buenas tardes, querido Algernon; espero que marches bien.

ALGERNON.—Me encuentro perfectamente, tía Augusta.

LADY BRACKNELL.—Eso no es lo mismo. En realidad ambas cosas raramente van juntas. *(Ve a Jack y le saluda fríamente con una inclinación.)*

ALGERNON.—*(A Gwendolen.)* Querida, estás encantadora.

GWENDOLEN.—¡Yo siempre estoy encantadora! ¿No es así, míster Worthing?

JACK.—Es usted perfecta, miss Fairfax.

GWENDOLEN.—¡Oh! Espero que eso no sea cierto. Eso querría decir que no puedo perfeccionarme, y yo quiero perfeccionarme en todos los sentidos. *(Gwendolen y Jack se sientan juntos en un rincón.)*

LADY BRACKNELL.—Siento haber llegado un poco tarde, Algernon, pero me vi obligada a ir a ver a la querida lady Harbury. No la había visitado desde que murió su pobre marido. Nunca he visto a una mujer tan excitada; parecía veinte años más joven. Y ahora tomaré una taza de té y uno de esos magníficos bocadillos de pepino que me prometiste.

ALGERNON.—Ciertamente, tía Augusta. *(Va hacia la mesa.)*

LADY BRACKNELL.—¿No quieres venir a sentarte aquí, Gwendolen?

GWENDOLEN.—Gracias, mamá, me encuentro muy a gusto donde estoy.

ALGERNON.—*(Cogiendo un plato vacío con horror.)* ¡Cielo santo! ¡Lane! ¿Por qué no hay bocadillos de pepino? Mandé prepararlos especialmente.

LANE.—*(Gravemente.)* No había pepinos esta mañana en el mercado, señor. Fui dos veces.

ALGERNON.—¡No habla pepinos!

LANE.—No, señor. Ni siquiera pagándolos al contado.

ALGERNON.—Muy bien, Lane; gracias.

LANE.—Gracias, señor. *(Se va.)*

ALGERNON.—Siento muchísimo, tía Augusta, que no hubiera pepinos, ni aun pagándolos en el momento.

LADY BRACKNELL.—Realmente no importa, Algernon. He comido unas pastas con lady Harbury, que ahora me parece que vive enteramente para el placer.

ALGERNON.—He oído que su pelo se ha vuelto completamente rubio de dolor.

LADY BRACKNELL.—Desde luego ha cambiado su color, pero el motivo no puedo decirlo. *(Algernon sirve el té.)* Gracias. Te he preparado una excelente fiesta esta noche, Algernon. Voy a ponerte con Mary Farquhar. Es una bella mujer, y muy atenta con su marido. Es delicioso observarlos.

ALGERNON.—Me temo, tía Augusta, que no podré tener el placer de cenar contigo esta noche.

LADY BRACKNELL.—*(Frunciendo el ceño.)* Espero que eso no ocurra. Estropearías por completo. mi mesa. Tu tío tendría que cenar arriba. Afortunadamente ya está acostumbrado.

ALGERNON.—No necesito decir que esto me causa gran pesar, pero el hecho es que acabo de recibir un telegrama diciéndome que mi pobre amigo Bunbury está muy enfermo otra vez. *(Él y Jack se miran.)* Me pide que vaya con él.

LADY BRACKNELL.—Es muy extraño. Ese míster Bunbury tiene una curiosa mala salud.

ALGERNON.—Sí; el pobre Bunbury está terriblemente inválido.

LADY BRACKNELL.—Bueno, Algernon, creo que ya es hora de que míster Bunbury decida entre si va a vivir o a morirse. Esa indecisión es absurda. Además, no apruebo en ningún modo la simpatía que actualmente se tiene a los inválidos. Lo considero morboso. La enfermedad, sea cual sea, no es cosa que deba ser alentada. La salud es el primer deber de la vida. Yo siempre se lo digo a tu pobre tío, pero él no parece darse mucha cuenta... Te quedaría muy reconocida si le dijeras a míster Bunbury de mi parte que no sufra una recaída el sábado, porque he puesto en tus manos la preparación de mi concierto. Es mi última recepción, y quiero alguien que anime las conversaciones, particularmente a final de temporada, cuando prácticamente todos han dicho lo que tenían que decir, lo cual, en la mayoría de los casos, no es mucho.

ALGERNON.—Se lo diré a Bunbury, tía Augusta, si es que aún puede oírme, y creo que puedo prometerte que estará bueno el sábado. Desde luego, el concierto es una cosa que presenta gran dificultad. Si uno toca buena música, la gente no la escucha, y si toca mala música, la gente no habla. Pero te enseñaré el programa que he confeccionado si tienes la amabilidad de venir un momento conmigo a la habitación de al lado.

LADY BRACKNELL.—Gracias, Algernon. Eres muy amable. *(Levantándose y siguiendo a Algernon.)* Estoy segura de que el programa será delicioso, después de alguna modificación. Las canciones francesas no las podemos permitir. La gente siempre parece creer que son impropias, y hasta se disgustan, lo cual es vulgar, o se ríen, que es peor. Pero el alemán parece un idioma respetable, y en verdad creo que lo es. Gwendolen, ¿me acompañas?

GWENDOLEN.—Desde luego, mamá. *(Lady Bracknell y Algernon se van al salón de música. Gwendolen se queda atrás.)*

JACK.—Hace un día encantador, miss Fairfax.

GWENDOLEN.—Le ruego que no me hable del tiempo, míster Worthing. Siempre que la gente me habla del tiempo me parece que quieren decir otra cosa. Y eso me pone nerviosa.

JACK.—Yo quiero decir otra cosa.

GWENDOLEN.—Eso pensé yo, y no suelo equivocarme.

JACK.—Me aprovecharé de la ausencia temporal de lady Bracknell...

GWENDOLEN.—Debo avisarle de que mamá tiene la costumbre de entrar de repente en las habitaciones, hasta tal punto que a veces me he visto obligada a hacérselo notar.

JACK.—*(Nerviosamente.)* Miss Fairfax, desde que la vi por primera vez la admiré más que a cualquier otra muchacha... Desde que la conocí... La conocí...

GWENDOLEN.—Sí, estoy completamente segura de eso. Y muchas veces he deseado que me lo demostrara, al menos en público. Usted siempre ha ejercido sobre mí una gran fascinación. Aun antes de conocerlo ya no me era indiferente. *(Jack la mira asombrado.)* Vivimos, como usted debe de saber, míster Worthing, en una época de ideales. Eso lo dicen constantemente las revistas mensuales más caras, y según creo ha llegado a saberse hasta en provincias. Pues bien: mi ideal fue siempre enamorarme de alguien que se llamara Ernest. En el momento en que Algernon me dijo que tenía un amigo llamado Ernest, supe que estaba predestinada a amarlo.

JACK.—¿Me ama realmente, Gwendolen?

GWENDOLEN.—¡Con pasión!

JACK.—¡Querida mía! No sabe lo feliz que me hace.

GWENDOLEN.—¡Mi Ernest!

JACK.—Pero ¿quiere decir que no me amaría si mi nombre no fuera Ernest?

GWENDOLEN.—Pero su nombre es Ernest.

JACK.—Sí, lo sé. Pero suponiendo que fuera otro cualquiera, ¿no me amaría entonces?

GWENDOLEN..—*(En tono voluble.)* ¡Ah! Eso es una especulación metafísica, y como la mayoría de las especulaciones metafísicas, tiene muy poco que ver con los hechos de la vida real.

JACK.—Personalmente, vida mía, puedo decir que no me preocupa llamarme Ernest... No creo que sea un nombre que me siente muy bien.

GWENDOLEN.—Le sienta perfectamente. Es un nombre divino. Tiene música propia. Produce vibraciones.

JACK.—Bueno, Gwendolen, creo realmente que hay muchos otros nombres bonitos. Creo que Jack, por ejemplo, es un nombre encantador.

GWENDOLEN.—¿Jack?... No; Jack es un nombre con poca música, si es que tiene alguna. No conmueve. No produce absolutamente ninguna vibración... He conocido a varios Jack, y todos, sin excepción, eran más feos de lo usual. Además, Jack es el nombre familiar de John, y es corriente entre los criados. Compadezco a la mujer que se case con un hombre llamado John. Probablemente nunca podrá conocer el extraordinario placer de un momento de soledad. Realmente, el único nombre que ofrece seguridad es Ernest.

JACK.—Gwendolen, debo bautizarme inmediatamente... Quiero decir que debemos casarnos inmediatamente. No hay tiempo que perder.

GWENDOLEN.—¿Casarnos, míster Worthing?

JACK.—*(Atónito.)* Bueno..., eso creo. Sabe que la amo, y usted no me ha hecho creer que no le soy absolutamente indiferente.

GWENDOLEN.—Lo adoro. Pero usted aún no se ha declarado. No hemos hablado nada de matrimonio. El tema todavía no ha sido tocado.

JACK.—Bueno... ¿Puedo declararme ahora?

GWENDOLEN.—Creo que sería una admirable oportunidad. Y para evitarle cualquier posible desencanto, míster Worthing, creo que debo decirle francamente que estoy completamente decidida a decirle que sí.

JACK.—¡Gwendolen!

GWENDOLEN.—Sí, míster Worthing, ¿qué tiene usted que decirme?

JACK.—Usted sabe lo que tengo que decirle.

GWENDOLEN.—Sí, pero usted no lo ha dicho.

JACK.—Gwendolen, ¿quiere usted casarse conmigo? *(Se pone de rodillas.)*

GWENDOLEN.—Naturalmente que quiero, amor mío. ¡Cuánto ha tardado en decirlo! Creo que tiene poca experiencia en estos asuntos.

JACK.—Vida mía, nunca he amado a ninguna mujer excepto a usted.

GWENDOLEN.—Sí, pero los hombres se declaran frecuentemente para practicar. Sé que mi hermano Gerald lo hace. Todas mis amigas me lo han dicho. ¡Qué maravillosos ojos azules tiene usted, Ernest! Son completamente, completamente azules! Espero que me mire usted siempre así, sobre todo cuando haya gente delante. *(Entra lady Bracknell.)*

LADY BRACKNELL.—¡Míster Worthing! Levántese usted, señor, de esa postura semitumbada. Es de lo más indecorosa.

GWENDOLEN.—¡Mamá! *(Él intenta levantarse. Ella lo detiene.)* Te ruego que te retires. Este no es sitio para ti. Además, míster Worthing no ha terminado todavía.

LADY BRACKNELL.—¿No ha terminado? ¿Qué es lo que no ha terminado, si puedo preguntarlo?

GWENDOLEN.—Me he prometido con míster Worthing, mamá. *(Se levantan los dos.)*

LADY BRACKNELL.—Perdona, pero tú no estás prometida con nadie. Cuando estés prometida con alguien, yo o tu padre, si su salud se lo permite, te informaremos del hecho. Un compromiso es una cosa que debe decírsele a una joven como sorpresa. agradable o desagradable, según el caso. No es un asunto que pueda permitírsele arreglar por sí misma... Y ahora tengo que hacerle unas cuantas preguntas, míster Worthing. Mientras se las hago, tú, Gwendolen, espérame abajo en el coche.

GWENDOLEN.—*(En tono de reproche.)* ¡Mamá!

LADY BRACKNELL.—¡En el coche, Gwendolen! *(Gwendolen va hacia la puerta. Ella y Jack se tiran besos a espaldas de lady Bracknell. Lady Bracknell mira vagamente corno si quisiera saber de dónde proviene el ruido. Finalmente se vuelve.)* ¡Gwendolen, al coche!

GWENDOLEN.—Sí, mamá. *(Sale mirando a Jack.)*

LADY BRACKNELL.—*(Sentándose.)* Puede usted tomar

asiento, míster Worthing. *(Saca de su bolsillo un cuadernito y un lápiz.)*

JACK.—Gracias, lady Bracknell, prefiero estar en pie.

LADY BRACKNELL.—*(Lápiz y cuaderno en mano.)* Me creo en la obligación de decirle que usted no está en mi lista de jóvenes elegibles, aunque tengo la misma lista que la querida duquesa de Bolton. Siempre trabajamos juntas en estas ocasiones. Sin embargo, estoy dispuesta a incluir su nombre si sus contestaciones son realmente satisfactorias para una madre que tiene verdadero cariño a su hija. ¿Fuma usted?

JACK.—Bueno, sí, debo admitir que fumo.

LADY BRACKNELL.—Me alegro de saberlo. Un hombre siempre tiene que tener una ocupación, sea cual fuere. Hay demasiados hombres desocupados en Londres. ¿Qué edad tiene usted?

JACK.—Veintinueve años.

LADY BRACKNELL.—Una edad muy buena para casarse. Siempre he sido de la opinión de que un hombre que desea casarse debe saberlo todo o no saber nada. ¿Qué sabe usted?

JACK.—*(Después de alguna vacilación.)* Yo no sé nada, lady Bracknell.

LADY BRACKNELL.—Me alegro de oír eso. No apruebo la menor traba de la ignorancia natural. La ignorancia es como un delicado fruto exótico: si se le toca se le caen las flores. Toda la teoría de la educación moderna es completamente falsa. Afortunadamente, al menos en Inglaterra, la educación no produce efecto alguno. De lo contrario, sería un serio peligro para las clases altas y probablemente daría lugar a actos de violencia en Grosvenor Square. ¿Cuál es su renta?

JACK.—Alrededor de siete u ocho mil libras al año.

LADY BRACKNELL.—*(Toma nota en su cuadernillo.)* ¿En tierras o en inversiones?

JACK.—En inversiones principalmente.

LADY BRACKNELL.—Eso es satisfactorio. Entre los deberes que nos esperan durante la vida y los deberes que nos esperan después de la muerte, la tierra ha dejado de ser un beneficio o un placer. Nos da posición, pero nos impide mantenerla. Eso es todo lo que se puede decir sobre la tierra.

JACK.—Tengo una casa de campo con algún terreno unido a ella, desde luego; unos mil quinientos acres, según creo. Pero mi renta verdadera no depende de eso. En realidad, que yo sepa, los cazadores furtivos son los únicos que obtienen algo de ella.

LADY BRACKNELL.—¡Una casa de campo! ¿Con cuántos dormitorios? Bueno, ese punto puede ser aclarado más tarde. Supongo que tendrá usted una casa en la ciudad. Una muchacha con un carácter sencillo y bueno como Gwendolen no podría resignarse a vivir en el campo.

JACK.—Poseo una casa en Belgrave Square, pero se la tengo alquilada todo el año a lady Bloxham. Desde luego puedo desalojarla de allí siempre que la avise con seis meses de antelación.

LADY BRACKNELL.—¿Lady Bloxham? No la conozco.

JACK.—¡Oh! Sale muy poco; es una dama considerablemente avanzada en años.

LADY BRACKNELL.—¡Ah! Pero hoy en día eso no es una garantía de respetabilidad. ¿Qué número de Belgrave Square?

JACK.—El ciento cuarenta y nueve.

LADY BRACKNELL.—*(Moviendo la cabeza.)* El lado que no está de moda. Ya me suponía yo que había algo. Sin embargo, eso se puede cambiar fácilmente.

JACK.—¿Quiere usted decir la moda o el lado?

LADY BRACKNELL.—*(Severamente.)* Ambas cosas si es necesario, creo yo. ¿Qué es usted en política?

JACK.—Bueno, temo no ser nada realmente. En todo caso, soy un liberal unionista.

LADY BRACKNELL.—¡Oh! Entonces es un conservador. Los conservadores cenan con nosotros. O al menos vienen por la noche a las reuniones. Ahora vamos con los asuntos de menor importancia. ¿Viven sus padres?

JACK.—He perdido a los dos.

LADY BRACKNELL.—¿A los dos?... Eso parece un descuido. ¿Quién era su padre? Evidentemente sería un hombre de alguna fortuna. ¿Nació entre lo que los periódicos radicales llaman la púrpura del comercio? ¿O fue en el corazón de la aristocracia?

JACK.—Realmente no lo sé. El hecho es, lady Bracknell, que dije que había perdido a mis padres. Estaría más cerca de la verdad decir que mis padres me perdieron a mí... Realmente no sé quién soy por mi nacimiento. Fui..., bueno..., fui encontrado.

LADY BRACKNELL.—¡Encontrado!

JACK.—El difunto míster Thomas Cardew, un viejo caballero de carácter muy caritativo y amable, me encontró y me dio el nombre de Worthing, porque en ese momento tenía en el bolsillo un billete de primera clase para Worthing. Worthing es un pueblo de Sussex. Es una playa muy concurrida.

LADY BRACKNELL.—¿Dónde le encontró ese caballero tan caritativo que tenía un billete de primera clase para esa playa concurrida?

JACK.—*(Gravemente.)* En un saco de mano.

LADY BRACKNELL.—¿En un saco de mano?

JACK.—*(Muy seriamente.)* Sí, lady Bracknell. fue en un saco de mano; un saco de mano relativamente grande, de cuero negro y con asas. En resumen, un saco de mano corriente.

LADY BRACKNELL.—¿En qué lugar encontró ese míster James o Thomas Cardew ese saco de mano corriente?

JACK.—En el guardarropa de la estación Victoria. Se lo dieron por confusión.

LADY BRACKNELL.—¿En el guardarropa de la estación Victoria?

JACK.—Sí. Línea de Brighton.

LADY BRACKNELL.—La línea no tiene importancia. Míster Worthing, confieso que estoy algo asombrada por lo que usted acaba de decirme. Nacer, o al menos ser criado en un saco de mano, tenga asas o. no, me parece un desprecio a la decencia de la vida familiar, que recuerda uno de los peores excesos de la revolución francesa. Y supongo que sabrá usted cuál fue el resultado de aquel infortunado movimiento. En cuanto al lugar donde fue encontrado el saco de mano, el guardarropa de una estación de ferrocarril, podría servir para ocultar una indiscreción social—probablemente ha sido usado con ese fin antes de ahora—; pero. no puede considerarse como una base segura para sostener una posición reconocida en la buena sociedad.

JACK.—¿Puedo preguntarle entonces qué me aconseja hacer? No necesito. decir que haría cualquier cosa para asegurar la felicidad de Gwendolen.

LADY BRACKNELL.—Le aconsejaría, míster Worthing, que intentara adquirir algunos parientes lo más pronto posible, y que hiciera un esfuerzo para presentar al menos a uno de sus progenitores, de cualquier sexo, antes que termine por completo la temporada.

JACK.—No veo cómo me va a ser posible hacer eso. Puedo presentar el saco de mano en cualquier momento. Lo tengo en casa. Realmente creo que eso debería satisfacerla, lady Bracknell.

LADY BRACKNELL.—¡A mí, señor! ¿Qué tengo que ver yo con eso? Ni se imagine usted que yo y lord Bracknell podemos ni soñar en permitir que nuestra hija única, una muchacha educada con el mayor cuidado, se case en un guardarropa y tome parentesco con un bulto de viaje. ¡Buenos días, míster Worthing! *(Lady Bracknell se retira con majestuosa indignación.)*

JACK.—¡Buenos días! *(Algernon, desde la otra habitación. toca la marcha nupcial. Jack, muy furioso, va hacia la puerta.)* ¡Por Dios, no toques esa marcha fúnebre, Algy! ¡Qué idiota eres! *(Cesa la música y entra Algernon con aire alegre.)*

ALGERNON.—¿Salió todo bien, chico? ¿No me dirás que Gwendolen te ha rechazado? Sé que ella tiene esa manía. Siempre rechaza a la gente. Creo que es su mayor defecto.

JACK.—¡Oh! Con respecto a Gwendolen todo marcha bien. Por lo que a ella concierne, estamos comprometidos. Su madre es completamente intolerable. Nunca vi a una Gorgona como ella... Realmente no sé lo que es una Gorgona, pero estoy completamente seguro de que lady Bracknell lo es. En cualquier caso, es un monstruo, y no mitológico, lo cual no está muy bien que digamos... Perdóname, Algy, creo que no debería hablar de esta manera de tu tía en tu presencia.

ALGERNON.—Mi querido amigo, me gusta oír hablar mal de mis parientes. Es la única cosa que me permite poder soportarlos. Los parientes son simplemente un montón de gente aburrida, que no tienen ni el más remoto conocimiento de cómo hay que vivir ni el más leve instinto de cuándo deben morir.

JACK.—¡Oh, eso es una tontería!

ALGERNON.—¡No lo es!

JACK.—Bueno, no quiero discutir sobre ese asunto. Tú siempre quieres discutirlo todo.

ALGERNON.—Para eso exactamente están hechas las cosas en realidad.

JACK.—Te doy mi palabra de que si yo pensara así me mataría... *(Una pausa.)* No creerás que Gwendolen pueda parecerse a su madre a los ciento cincuenta años, ¿verdad, Algy?

ALGERNON.—Todas las mujeres llegan a ser como su madre. Esa es su tragedia. A los hombres no les ocurre eso. Esa es la suya.

JACK.—¿Es eso cierto?

ALGERNON.—¡Está perfectamente expresado! Es tan cierto como puede serlo cualquier observación de la vida civilizada.

JACK.—Estoy harto de tanta inteligencia. Todo el mundo es inteligente hoy en día. No puedes ir a ningún sitio sin encontrarte gente inteligente. La cosa se ha convertido en un verdadero defecto público. Le ruego a Dios que nos permita conservar unos cuantos tontos.

ALGERNON.—Ya los tenemos.

JACK.—Pues me gustaría mucho encontrarlos. ¿De qué hablan?

ALGERNON.—¿Los tontos? ¡Oh! De la gente inteligente, por supuesto.

JACK.—¡Qué tontos!

ALGERNON.—A propósito, ¿le has dicho a Gwendolen la verdad sobre el asunto de que te llamas Ernest en la ciudad y Jack en el campo?

JACK.—*(Con tono de superioridad.)* Mi querido amigo, la verdad no es lo que se le dice a una muchacha dulce, bonita y refinada. ¡Qué ideas tan extraordinarias tienes sobre la manera de tratar a las mujeres.

ALGERNON.—La única manera de tratar a una mujer es cortejarla, si es bonita, o a otra, si es fea.

JACK.—¡Oh, eso es una tontería!

ALGERNON.—¿Y qué le has dicho de tu hermano? ¿Del bala perdida de Ernest?

JACK.—¡Oh! Antes de fin de semana me habré deshecho de él. Diré que ha muerto en París de apoplejía. Mucha gente muere de apoplejía de forma repentina, ¿verdad?

ALGERNON.—Sí, pero es una enfermedad hereditaria, mi querido amigo. Es una cosa que viene de familia. Sería mejor decir que fue por un fuerte resfriado.

JACK.—¿Estás seguro de que el resfriado no es hereditario ni nada de eso?

ALGERNON.—¡Naturalmente que no!

JACK.—Muy bien. Mi pobre hermano Ernest ha muerto de repente en París de un fuerte resfriado. Ya me he deshecho de él.

ALGERNON.—Pero creí que habías dicho que... miss Cardew estaba muy interesada en tu pobre hermano Ernest. ¿No sentirá mucho su muerte?

JACK.—¡Oh! Todo irá bien. Cecily no es una tonta muchacha romántica, de lo cual me alegro. Tiene un extraordinario apetito, da largos paseos y no pone atención a ninguna de sus lecciones.

ALGERNON.—Me gustaría mucho conocer a Cecily.

JACK.—Tendré buen cuidado de que eso nunca suceda. Es excesivamente bonita y tiene dieciocho años solamente.

ALGERNON.—¿Le has dicho a Gwendolen que tienes una pupila excesivamente bonita que solo tiene dieciocho años?

JACK.—¡Oh! Uno no debe hablar de estas cosas con la gente. Seguro que Cecily y Gwendolen serán las más grandes amigas del mundo. Te apuesto cualquier cosa a que a la media hora de conocerse se llaman una a otra hermana.

ALGERNON.—Las mujeres solo hacen eso cuando ya se han llamado antes otras muchas cosas. Ahora, mi querido amigo, si queremos encontrar una buena mesa en Willis, creo que deberíamos ir a vestirnos. ¿Sabes que son cerca de las siete?

JACK.—*(En tono irritado.)* ¡Oh! Siempre son cerca de las siete.

ALGERNON.—Bueno, yo tengo hambre.

JACK.—Nunca te he oído decir que no la tienes.

ALGERNON.—¿Qué haremos después de cenar? ¿Ir al teatro?

JACK.—¡Oh, no! Me aborrece escuchar.

ALGERNON.—Bueno, entonces iremos al club.

JACK.—¡Oh, no! Odio el hablar.

ALGERNON.—Bueno, podríamos pasarnos por el Empire a las diez.

JACK.—¡Oh, no! No puedo soportar el ver cosas. Es demasiado tonto.

ALGERNON.—Bueno, entonces ¿qué haremos?

JACK.—¡Nada!

ALGERNON.—No hacer nada es un trabajo terriblemente duro. Y yo no estoy dispuesto a trabajar si no es con una finalidad determinada. *(Entra Lane.)*

LANE.—Miss Fairfax. *(Entra Gwendolen. Lane se va.)*

ALGERNON.—¡Vaya, Gwendolen!

GWENDOLEN.—Algy, haz el favor de ponerte de espaldas. Tengo algo muy particular que decirle a míster Worthing.

ALGERNON.—Realmente, Gwendolen, no creo que deba permitir esto de ningún modo.

GWENDOLEN.—Algy, tú siempre adoptas una actitud perfectamente inmoral frente a la vida. No eres lo bastante viejo para hacer eso. *(Algernon se retira hacia la chimenea.)*

JACK.—¡Amada mía!

GWENDOLEN.—Ernest, puede que nunca nos casemos. Por la expresión de la cara de mamá me temo que será así. Pocos padres hoy en día tienen en cuenta lo que sus hijos les dicen. El antiguo respeto hacia los jóvenes está decayendo rápidamente. Si tuve alguna influencia sobre mi madre, la debí perder cuando tenía tres años. Pero aunque ella pueda impedirnos que seamos marido y mujer, aunque yo pueda casarme con otro y casarme muchas veces, nada podrá cambiar mi eterna devoción hacia usted.

JACK.—¡Querida Gwendolen!

GWENDOLEN.—La historia de su romántico origen, como me lo ha contado mamá, con comentarios desagradables, ha conmovido las más profundas fibras de mi ser. Su nombre de pila tiene una irresistible fascinación. La simplicidad de su carácter hace que usted sea para mí exquisitamente incomprensible. Tengo sus señas de la ciudad en Albany. ¿Cuáles son sus señas en el campo?

JACK.—Manor House, Woolton, Hertfordshire. *(Algernon, que ha escuchado atentamente, sonríe y escribe las señas en el puño de su camisa. Después coge la guía de ferrocarriles.)*

GWENDOLEN.—¿Supongo que habrá un buen servicio de correos? Podría ser necesario hacer algo desesperado. Eso, desde luego, requeriría una seria consideración. Me comunicaré con usted diariamente.

JACK.—¡Vida mía!

GWENDOLEN.—¿Cuánto tiempo va usted a estar en la ciudad?

JACK.—Hasta el lunes.

GWENDOLEN.—¡Bien! Algy, ahora ya puedes volverte.

ALGERNON.—Gracias, me había vuelto ya.

GWENDOLEN.—También puedes tocar el timbre.

JACK.—¿Me permite que la acompañe hasta el coche, amada mía?

GWENDOLEN.—Naturalmente.

JACK.—*(A Lane, que acaba de entrar.)* Yo acompañaré a miss Fairfax.

LANE.—Sí, señor. *(Jack y Gwendolen se van. Lane le da unos cartas a Algernon sobre una bandeja. Es evidente que son facturas, porque Algernon, después de mirar los sobres, los rompe.)*

ALGERNON.—Una copa de jerez, Lane.

LANE.—Si, señor.

ALGERNON.—Mañana, Lane, voy a bunburyzar.

LANE.—Sí, señor.

ALGERNON.—Probablemente no volveré hasta el lunes. Puede prepararme mi ropa, mi smoking y todos los trajes de Bunbury...

LANE.—Sí, señor. *(Sirve el jerez.)*

ALGERNON.—Espero que mañana hará un buen día, Lane.

LANE.—Nunca ocurre eso, señor.

ALGERNON.—Lane, es usted un perfecto pesimista.

LANE.—Procuro agradar, señor. *(Entra Jack. Lane se va.)*

JACK.—¡Es una muchacha de lo más sensible e inteligente! La única muchacha que me ha gustado en mi vida. *(Algernon se ríe fuertemente.)* ¿Por qué demonios te diviertes tanto?

ALGERNON.—¡Oh! Estoy preocupado por el pobre Bunbury, eso es todo.

JACK.—Si no tienes cuidado, tu amigo Bunbury te dará un serio disgusto algún día.

ALGERNON.—Me gustan los disgustos. Son las únicas cosas que nunca han sido serias.

JACK.—¡Oh! Eso es una tontería, Algy. No dices más que tonterías.

ALGERNON.—Todos hacen lo mismo. *(Jack lo mira indignado y abandona la habitación. Algernon enciende un cigarrillo, lee lo que escribió en el puño de la camisa y sonríe.).*

TELÓN

ACTO SEGUNDO

Escena: jardín en Manor House, Woolton. Una escalera de piedra gris lleva a la casa. El jardín, dispuesto a la antigua, está lleno de rosas. Época del año: julio. Sillas de mimbre y una mesa llena de libros se encuentran colocadas bajo un gran tejo.

Miss Prism está sentada junto a la mesa. Cecily está al fondo regando las flores.

MISS PRISM.—*(Gritando.)* ¡Cecily! ¡Cecily! Una ocupación tan utilitaria como la de regar flores creo que es más bien un deber de Moulton que suyo. Especialmente en el momento en que la esperan los placeres intelectuales. La gramática alemana está sobre la mesa. Le ruego que la abra por la página quince. Repetiremos la lección de ayer.
CECILY.—*(Acercándose lentamente.)* Pero a mí no me gusta el alemán. Es un idioma que no favorece nada en absoluto. Sé perfectamente bien que estoy feísima después de mi lección de alemán.
MISS PRISM.—Hija mía, usted sabe lo que se preocupa su tutor porque progrese usted en todo. Cuando se marchó ayer a la ciudad insistió especialmente sobre el alemán. En verdad, siempre piensa en el alemán cuando se va a la ciudad.
CECILY.—¡El querido tío Jack es tan serio! A veces lo es tanto que creo que no se debe encontrar bien del todo.

MISS PRISM.—*(Con seriedad.)* Su tutor goza de la mejor salud, y la gravedad de su carácter es especialmente encomiable en un hombre joven como él. No conozco a nadie que tenga un sentido más elevado del deber y la responsabilidad que él.

CECILY.—Supongo que por eso parece muchas veces algo aburrido cuando estamos los tres juntos.

MISS PRISM.—¡Cecily! Me sorprende usted. Míster Worthing tiene muchas preocupaciones en su vida. La trivialidad y el entretenimiento innecesario están fuera de lugar en su conversación. Debe usted recordar su constante preocupación por su hermano, ese infortunado joven.

CECILY.—Me gustaría que el tío Jack permitiera a su infortunado hermano venir aquí de cuando en cuando. Podríamos ejercer una buena influencia sobre él, miss Prism. Estoy segura de que usted lo haría. Sabe alemán, geología y todas esas cosas que pueden influir tanto en un hombre. *(Cecily empieza a escribir en su diario.)*

MISS PRISM.—*(Moviendo la cabeza.)* No creo que yo pudiese producir ningún efecto en un carácter que, según admite su propio hermano, es irremediablemente débil y oscilante. En realidad, tampoco estoy segura de que yo deseara reformarle. No me gusta esta manía moderna de convertir a los malos en buenos en un instante. Cada uno que se las entienda solo. Debe usted dejar el diario, Cecily. Realmente no veo por qué tiene que llevar un diario.

CECILY.—Llevo un diario para poder anotar los maravillosos secretos de mi vida. Si no los escribiese, probablemente los olvidaría.

MISS PRISM.—La memoria, mi querida Cecily, es el diario que todos llevamos consigo.

CECILY.—Sí, pero con nosotros registra cosas que nunca han ocurrido y que posiblemente nunca podrán suceder. Creo que la memoria es la responsable de las novelas en tres volúmenes que Mudie nos envía.

MISS PRISM.—No hable tan despectivamente de las novelas en tres volúmenes, Cecily. Yo misma escribí una en mi juventud.

CECILY.—¿De verdad, miss Prism? ¡Qué maravillosamente inteligente es usted! Supongo que no tendría un final feliz. No me gustan las novelas que terminan bien. Me deprimen mucho.

MISS PRISM.—Los buenos terminan bien y los malos mal. Eso trata de ser la ficción.

CECILY.—Supongo que sí. Pero me parece injusto. ¿Y se publicó la novela?

MISS PRISM.—¡Oh, no! Desgraciadamente el manuscrito fue abandonado. *(Cecily la mira asombrada.)* Uso la palabra en el sentido de perdido o extraviado. Estas especulaciones no son necesarias para su trabajo, niña.

CECILY.—*(Sonriendo.)* Pero veo venir al doctor Chasuble por el jardín.

MISS PRISM.—*(Levantándose y saliendo a su encuentro.)* ¡Doctor Chasuble! Esto es realmente un placer. *(Entra el canónigo Chasuble.)*

CHASUBLE.—¿Cómo están esta mañana? ¿Supongo, miss Prism, que estará usted bien?

CECILY.—Miss Prism estaba quejándose ahora mismo de un ligero dolor de cabeza. Creo que sería muy bueno para ella que la acompañase a dar una vuelta por el parque, doctor Chasuble.

MISS PRISM.—Cecily, yo no he mencionado para nada el dolor de cabeza.

CECILY.—No, querida miss Prism, ya lo sé; pero sentí instintivamente que usted lo tenía. Realmente estaba pensando en eso y no en mi lección de alemán cuando ha llegado el rector.

CHASUBLE.—Espero, Cecily, que no será usted distraída.

CECILY.—¡Oh! Temo que sí.

CHASUBLE.—Es extraño. Si tuviera yo la fortuna de ser discípulo de miss Prism siempre estaría pendiente de sus labios. *(Miss Prism lo mira con asombro.)* Hablo metafóricamente. Mi metáfora está cogida de las abejas. ¡Ejem! Supongo que míster Worthing aún no ha vuelto de Londres.

MISS PRISM.—No le esperamos hasta el lunes por la tarde.

CHASUBLE.—¡Ah, sí! Le gusta pasar el domingo en Londres. No es de esos que solo piensan en pasarlo bien, como le ocurre a su infortunado hermano menor. Pero no debo distraer más a Egeria y a su discípula.

MISS PRISM.—¿Egeria? Mi nombre es Leticia, doctor.

CHASUBLE.—*(Haciendo una inclinación.)* Es solamente una alusión clásica tomada de los autores paganos. Supongo que las veré a las dos en el oficio de vísperas.

MISS PRISM.—Creo, querido doctor, que iré a dar un paseo con usted. Me parece que, después de todo, tengo dolor de cabeza, y un paseo puede sentarme bien.

CHASUBLE.—Encantado, miss Prism, encantado. Podemos ir hasta las escuelas y volver.

MISS PRISM.—Será delicioso. Cecily, estudie usted la política económica en mi ausencia. El capítulo sobre el descenso de la rupia puede saltárselo. Es demasiado sensacional. Hasta esos problemas de dinero tienen su lado melodramático. *(Se va por el jardín con el doctor Chasuble.)*

CECILY.—*(Coge los libros y los arroja sobre la mesa.)* ¡Al diablo la horrible política económica, la horrible geografía y el horrible alemán! *(Entra Merriman con una tarjeta sobre una bandeja.)*

MERRIMAN.—Míster Ernest Worthing acaba de llegar de la estación. Ha traído su equipaje.

CECILY.—*(Coge la tarjeta y la lee.)* «Míster Ernest Worthing, B. cuatro, The Albany, W.» ¡El hermano del tío Jack! ¿Le ha dicho usted que míster Worthing estaba en la ciudad?

MERRIMAN.—Sí, miss. Me ha parecido muy contrariado. Lo avisé de que usted y miss Prism estaban en el jardín. Me dijo que estaba ansioso por hablar con usted un momento a solas.

CECILY.—Dígale a míster Ernest Worthing que venga aquí.

Lo mejor será que le diga al ama de llaves que prepare una habitación para él.

MERRIMAN.—Sí, miss. *(Merriman se va.)*

CECILY.—Nunca he conocido a una persona realmente mala. Estoy bastante asustada. Temo que sea exactamente igual a los demás. *(Entra Algernon de muy buen humor.)*

ALGERNON.—*(Quitándose el sombrero.)* Estoy seguro de que usted es mi pequeña prima Cecily.

CECILY.—Está en un error. Yo no soy pequeña. En realidad, creo que soy más alta de lo corriente para mi edad. *(Algernon la mira un poco sorprendido.)* Pero soy su prima Cecily. Usted, como veo por su tarjeta, es el hermano del tío Jack, mi primo Ernest, el malo de mi primo Ernest.

ALGERNON.—¡Oh! No soy realmente malo, prima Cecily. No debe pensar que soy malo.

CECILY.—Si no lo es, nos ha engañado a todos de la manera más indigna. Espero que no habrá llevado una doble vida, pretendiendo ser malo y siendo en realidad bueno en todo momento. Eso sería una hipocresía.

ALGERNON.—*(La mira asombrado.)* ¡Oh! Desde luego que he sido un poco descuidado.

CECILY.—Me alegro de oír eso.

ALGERNON.—La verdad, ahora que habla de ello, es que he sido bastante malo.

CECILY.—No creo que deba estar orgulloso de eso, aunque estoy segura de que debe de haber sido muy agradable.

ALGERNON.—Es mucho más agradable estar aquí con usted.

CECILY.—No puedo comprender cómo está aquí. El tío Jack no volverá hasta el lunes por la tarde.

ALGERNON.—Es una gran contrariedad. Estoy obligado a marcharme el lunes por la mañana en el primer tren. Tengo un asunto de negocios al que estoy ansioso por... faltar.

CECILY.—¿Y no podría faltar en un sitio que no fuese Londres?

ALGERNON.—No. El asunto es en Londres.

CECILY.—Bueno, ya sé, naturalmente, lo importante que es no ir a un asunto de negocios, si uno quiere conservar el sentido de la belleza de la vida; pero creo que sería mejor que esperase la llegada del tío Jack. Sé que él quiere hablarle sobre su emigración.

ALGERNON.—¿Sobre mi qué?

CECILY.—Su emigración. Ha ido a comprarle todo lo necesario.

ALGERNON.—Ciertamente no puedo permitir que Jack me compre nada. No tiene gusto para las corbatas.

CECILY.—No creo que necesite usted corbatas. El tío Jack va a enviarle a Australia.

ALGERNON.—¡Australia! Antes la muerte.

CECILY.—Bueno, al menos dijo el miércoles por la noche durante la cena que tendría usted que escoger entre este mundo, el otro mundo y Australia.

ALGERNON.—¡Ah, bueno!. Las noticias que he recibido del otro mundo y de Australia no son particularmente alentadoras. Este mundo es bastante bueno para mí, prima Cecily.

CECILY.—Sí, pero ¿es usted bastante bueno para él?

ALGERNON.—Temo que no. Por eso quiero que usted me reforme. Esa puede ser su misión, si no le importa, prima Cecily.

CECILY.—Temo que esta tarde no tendré tiempo.

ALGERNON.—Bueno, ¿le importaría que esta tarde me reformara a mí mismo?

CECILY.—Eso sería un poco quijotesco. Pero creo que debería intentarlo.

ALGERNON.—Lo intentaré. Ya me siento mejor.

CECILY.—Pues parece que está usted peor.

ALGERNON.—Es porque tengo hambre.

CECILY.—¡Qué descuido el mío! Debería haber recordado que cuando uno emprende una nueva vida tiene que hacer comidas regulares y abundantes. ¿Quiere entrar?

ALGERNON.—Gracias. ¿Puedo coger primero una flor para el ojal? Nunca tengo apetito si no llevo una flor en el ojal.

CECILY.—¿Una Mariscal Niel? *(Coge Una tijeras.)*
ALGERNON.—No; prefiero una rosa.
CECILY.—¿Por qué? *(Corta una flor.)*
ALGERNON.—Porque usted es como una rosa, prima Cecily.
CECILY.—No creo que esté muy bien que me hable de esa forma. Miss Prism nunca me dice cosas como esa.
ALGERNON.—Entonces es que miss Prism es una vieja corta de vista. *(Cecily le pone la rosa en el ojal.)* Es usted la muchacha más bonita que he visto nunca.
CECILY.—Miss Prism dice que toda la belleza física es una trampa.
ALGERNON.—Una trampa en la que todo hombre sensato le gustaría dejarse coger.
CECILY.—¡Oh! Pues a mí no me gustaría coger a un hombre sensato. No sabría qué hablar con él. *(Entran en la casa. Miss Prism y el doctor Chasuble vuelven.)*
MISS PRISM.—Está usted demasiado solo, querido doctor Chasuble. Debería casarse. Puedo comprender que existan los misántropos, pero los mujerántropos, ¡jamás!
CHASUBLE.—*(Con un estremecimiento de escolar.)* Créame, no va conmigo una frase tan neologística. El precepto, así como la práctica de la iglesia primitiva, se oponía por completo al matrimonio.
MISS PRISM.—*(Sentenciosamente.)* Esa es la razón de que la iglesia primitiva no haya durado hasta nuestros días. Y no parece usted darse cuenta, querido doctor, de que la soltería persistente convierte al hombre en una tentación pública permanente. Los hombres deberían tener más cuidado; el celibato hace que se echen a perder los caracteres.
CHASUBLE.—¿Un hombre no posee el mismo atractivo cuando se casa?
MISS PRISM.—Ningún hombre casado es atractivo, excepto para su mujer.
CHASUBLE.—Y, según me han dicho, muchas veces ni siquiera para ella.

MISS PRISM.—Eso depende de las simpatías intelectuales de la mujer. Siempre se puede uno fiar de la madurez, Las mujeres jóvenes están verdes. *(El doctor Chasuble se estremece.)* Hablo de horticultura. Mi metáfora está tomada de la fruta. Pero ¿dónde está Cecily?

CHASUBLE.—Quizá nos haya seguido hasta las escuelas. *(Entra Jack, lentamente, por el fondo del jardín. Está vestido de luto, con una cinta negra en el sombrero y guantes negros.)*

MISS PRISM.—¡Míster Worthing!

CHASUBLE.—¡Míster Worthing!

MISS PRISM.—¡Qué sorpresa! No le esperábamos hasta el lunes por la tarde.

JACK.—*(Estrecha la mano de miss Prism con un ademán trágico.)* He vuelto más pronto de lo que esperaba. Doctor Chasuble, supongo que estará usted bien.

CHASUBLE.—Querido míster Worthing, me imagino que ese traje que lleva no significará que ha ocurrido alguna desgracia.

JACK.—Mi hermano.

MISS PRISM.—¿Más deudas vergonzosas y más extravagancias!

CHASUBLE.—¿Continúa llevando esa vida de placer?

JACK.—*(Moviendo la cabeza.)* ¡Muerto!

CHASUBLE.—¿Su hermano Ernest ha muerto?

JACK.—Ha muerto por completo.

MISS PRISM.—¡Qué lección para él! Espero que sabrá aprovecharla.

CHASUBLE.—Míster Worthing, le doy mi más sincero pesame. Al menos tiene el consuelo de saber .que ha sido usted el más generoso y caritativo de los hermanos.

JACK.—¡Pobre Ernest! Tenía muchos defectos, pero ha sido algo triste, muy triste.

CHASUBLE.—Ciertamente. ¿Estaba usted con él en los últimos instantes?

JACK.—No. Ha muerto en el extranjero. En París. Recibí anoche un telegrama del gerente del Gran Hotel.

CHASUBLE.—¿Cuál fue la causa de su muerte?

JACK.—Un fuerte resfriado, me parece.

MISS PRISM.—El hombre recoge lo que siembra.

CHASUBLE.—*(Levantando la mano.)* ¡Caridad, querida miss Prism, caridad! Nadie es perfecto. Yo mismo tengo particular debilidad por el juego de damas. ¿Tendrá lugar aquí el entierro?

JACK.—No. Él parece que expresó el deseo de ser enterrado en París.

CHASUBLE.—¡En París! *(Mueve la cabeza.)* Temo que eso demuestre que no tuvo un carácter serio ni aun en los últimos instantes. Supongo que deseará usted que haga alguna ligera alusión a este trágico suceso doméstico el domingo que viene. *(Jack le estrecha la mano convulsivamente.)* Mi sermón sobre el significado del maná puede ser adaptado a casi todas las ocasiones, bien sean alegres, o, como el caso presente, tristes. *(Todos suspiran.)* Lo he predicado en bautizos, confirmaciones, en días de penitencia y en días de gozo. La última vez lo dije en la catedral como sermón de caridad a beneficio de la sociedad para prevenir el descontento entre las clases altas. Al obispo, que estaba presente, le gustaron mucho algunas de mis comparaciones.

JACK.—¡Ah! Eso me recuerda, ahora que ha mencionado usted los bautizos, que tengo que pedirle algo. Supongo que usted sabrá bautizar perfectamente. *(El doctor Chasuble se queda asombrado.)* Quiero decir, naturalmente, que usted estará bautizando continuamente, ¿verdad?

MISS PRISM.—Siento decir que ese es uno de los más grandes deberes del rector en esta parroquia. Frecuentemente he hablado con las clases bajas sobre este asunto, pero ellos no parecen saber lo que es el ahorro.

CHASUBLE.—Pero ¿hay algún niño en particular por el que usted esté interesado, míster Worthing? Creo que su hermano estaba soltero, ¿no es así?

JACK.—¡Oh, sí!

MISS PRISM.—*(Amargamente.)* La gente que vive solo para el placer nunca suele casarse.

JACK.—No es para ningún niño, querido doctor. Me gustan mucho los niños. ¡No! El hecho es que a mí me gustaría ser bautizado esta misma tarde, si usted no tiene nada mejor que hacer.

CHASUBLE.—Pero seguramente, míster Worthing, habrá sido usted bautizado ya.

JACK.—No recuerdo nada sobre ese asunto.

CHASUBLE.—Pero ¿tiene usted alguna duda grave?

JACK.—Creo que sí. Desde luego, no sé si esto le parecerá bien a usted o pensará que soy demasiado viejo.

CHASUBLE.—Naturalmente que no. La aspersión y aun la inmersión de los adultos, es una práctica perfectamente canónica.

JACK.—¡Inmersión!

CHASUBLE.—No se preocupe. La aspersión es suficiente y más aconsejable. ¡El estado del tiempo es tan variable! ¿A qué hora desea que se celebre la ceremonia?

JACK.—¡Oh! A eso de las cinco, si no le parece mal.

CHASUBLE.—¡Perfectamente, perfectamente! Tengo dos ceremonias similares a esa hora. Dos mellizos que nacieron recientemente en una de las casas alejadas de esta finca. Son del pobre Jenkins, el carretero, un hombre muy trabajador.

JACK.—¡Oh! No me agrada mucho ser bautizado junto a otros bebés. Sería infantil. ¿A las cinco y media?

CHASUBLE.—¡Admirablemente, admirablemente! *(Saca su reloj.)* Y ahora, querido míster Worthing, no quiero molestar por más tiempo en esta casa llena de tristeza. Simplemente quiero pedirle que no se deje abatir por el dolor. Lo que nos parecen trances amargos son muchas veces alegrías disfrazadas.

MISS PRISM.—Esto me parece una alegría evidente. *(Entra Cecily desde la casa.)*

CECILY.—¡Tío Jack! ¡Cuánto me alegra ver que has regresado! ¡Pero qué horrible traje llevas! Ve a cambiarte pronto.

MISS PRISM.—¡Cecily!

CHASUBLE.—¡Hija mía! ¡Hija mía! *(Cecily va hacia Jack; él la besa en la frente con un gesto melancólico.)*

CECILY.—¿Qué pasa, tío Jack? ¡Ponte alegre! Parece que tienes dolor de muelas. Tengo una sorpresa para ti. ¿Quién crees que está en el comedor? ¡Tu hermano!

JACK.—¿Quién?

CECILY.—Tu hermano Ernest. Ha llegado hace una media hora.

JACK.—¡Qué tontería! Ya no tengo hermano.

CECILY.—¡Oh! No digas eso. Aunque se haya portado mal, sigue siendo tu hermano. No puedes ser tan inhumano con él. Le diré que has llegado. Y os estrecharéis la mano, ¿verdad, tío Jack? *(Vuelve a entrar en la casa.)*

CHASUBLE.—Estas sí que son noticias alegres.

MISS PRISM.—Después que todos nos habíamos resignado ya a su pérdida, su repentino regreso me parece algo peculiarmente calamitoso.

JACK.—¿Mi hermano está en el comedor? No sé lo que todo esto querrá decir. Creo que es completamente absurdo. *(Entran Algernon y Cecily cogidos de la mano. Se acercan lentamente a Jack.)*

JACK.—¡Cielo santo! *(Hace un gesto a Algernon para que se vaya.)*

ALGERNON.—Hermano John, he venido de la ciudad para decirte que siento mucho los disgustos que te he dado y que intentaré desde ahora llevar una vida mejor. *(Jack le mira furioso y no coge su mano.)*

CECILY.—Tío Jack, ¿no te negarás a estrechar la mano de tu propio hermano?

JACK.—Nada en el mundo hará que yo estreche esa mano. Su venida aquí me parece algo vergonzosa. Él sabe perfectamente bien por qué.

CECILY.—Tío Jack, sé bueno. En todo el mundo hay algo bueno. Ernest acaba de hablarme de su pobre amigo inválido, míster Bunbury, al que visita con tanta frecuencia. Y no hay duda de que hay algo bueno en un hombre que es cariñoso con un inválido y que se aleja de los placeres de Londres para permanecer junto a un lecho de dolor.

JACK.—¡Oh! Te ha estado hablando de su amigo Bunbury, ¿verdad?

CECILY.—Sí. Me ha contado todo sobre el pobre Bunbury y su terrible estado de salud.

JACK.—¡Bunbury! Bueno, pues no quiero que vuelva a hablar de Bunbury ni de ninguna otra cosa. Esto es para desesperarse.

ALGERNON.—Desde luego admito que toda la culpa es mía. Pero debo decir que la frialdad de mi hermano John para conmigo es francamente dolorosa. Esperaba una bienvenida más entusiasta, especialmente considerando que es la primera vez que vengo aquí.

CECILY.—Tío Jack. si no estrechas la mano de Ernest, nunca te perdonaré.

JACK.—¿Nunca me perdonarás?

CECILY.—¡Nunca, nunca, nunca!

JACK.—Bueno, esta es la última vez que lo hago. *(Estrecha la mano de Algernon mirándole furiosamente.)*

CHASUBLE.—Es agradable ver una reconciliación tan perfecta. Creo que debíamos dejar solos a los dos hermanos.

MISS PRISM.—Cecily, venga usted con nosotros.

CECILY.—Desde luego, miss Prism. Mi pequeña tarea de reconciliación ha terminado.

CHASUBLE.—Ha hecho usted hoy una bella acción, hija mía.

MISS PRISM.—No debemos hacer juicios prematuros.

CECILY.—Me siento muy feliz. *(todos salen, excepto Jack y Algernon.)*

JACK.—Algy, eres un bribón. Debes irte de aquí lo más pronto posible. No te permito bunburyzar en este lugar. *(Entra Merriman.)*

MERRIMAN.—He puesto las cosas de míster Ernest en la habitación que hay junto a la suya, señor. ¿Están bien ahí?

JACK.—¿Qué?

MERRIMAN.—El equipaje de míster Ernest, señor. Lo he desempaquetado y lo he puesto en la habitación contigua a la suya.

JACK.—¿Su equipaje?

MERRIMAN.—Sí, señor. Tres maletas, un maletín, dos cajas de sombreros y una gran cesta.

ALGERNON.—Temo no poder estar aquí más de una semana.

JACK.—Merriman, haga que preparen el coche inmediatamente. Míster Ernest ha sido avisado repentinamente para que vuelva a la ciudad.

MERRIMAN.—Sí, señor. *(Entra en la casa.)*

ALGERNON.—¡Qué gran embustero eres, Jack! No tengo que ir a la ciudad para nada.

JACK.—Sí; tienes que volver.

ALGERNON.—No me ha avisado nadie, que yo sepa.

JACK.—Tu deber como caballero es regresar.

ALGERNON.—Mi deber como caballero nunca se ha interpuesto entre mis placeres y yo ni lo más leve.

JACK.—Lo comprendo muy bien.

ALGERNON.—Bueno. Cecily es muy bonita.

JACK.—No hables de miss Cardew de esa forma. No me gusta.

ALGERNON.—Muy bien. Y a mí no me gusta tu traje. Estás perfectamente ridículo con él. ¿Por qué diablos no vas a cambiarte? Es completamente infantil estar de luto por un hombre que va a pasar una semana contigo como invitado. Yo diría que es grotesco.

JACK.—Tú no estarás conmigo una semana, ni como invitado ni como nada. Vas a marcharte... en el tren de las cuatro y cinco.

ALGERNON.—No me marcharé mientras tú estés de luto. Sería una enorme falta de amistad. Si yo estuviera de luto supongo que tú te quedarías conmigo. Sería muy poco cariñoso si no lo hicieras.

JACK.—Bueno, ¿te marcharás si me cambio el traje?

ALGERNON.—Sí, si no tardas mucho. Nunca he visto a nadie que tarde tanto en vestirse y con tan mal resultado.

JACK.—Bueno, al menos eso es mejor que estar siempre demasiado bien vestido, como tú.

ALGERNON.—Si a veces estoy demasiado bien vestido, siempre soy inmensamente bien educado.

JACK.—Tu vanidad es ridícula, tu conducta es una ofensa y tu presencia en mi jardín enteramente absurda. Pero tendrás que coger el tren de las cuatro y cinco, y espero que tendrás un viaje agradable de vuelta a la ciudad. Este bunburysmo, como tú le llamas, no ha sido un gran éxito para ti. *(Entra en la casa.)*

ALGERNON.—Yo creo que ha sido un gran éxito.. Estoy enamorado de Cecily y eso es todo. *(Entra Cecily por el jardín, agarra la regadera y comienza a regar las flores.)* Pero debo verla antes de irme y tengo que arreglarlo todo para otro bunburysmo. ¡Ah! Aquí está.

CECILY.—¡Oh! Simplemente vine a regar las flores. Creí que estaba usted con el tío Jack.

ALGERNON.—Se ha ido a pedir que preparen el coche para mí.

CECILY.—¡Oh! ¿Va a llevarle a dar un agradable paseo?

ALGERNON.—Va a echarme.

CECILY.—Entonces ¿debemos separarnos?

ALGERNON.—Temo que sí. Es una despedida muy dolorosa.

CECILY.—Siempre es doloroso despedirse de alguien al que se ha conocido desde hace muy poco tiempo. La ausencia de los viejos amigos se puede soportar bien. Pero separarse, aun siendo momentáneamente, de alguien que acaba de sernos presentado, es algo casi intolerable.

ALGERNON .—Gracias. *(Entra Merriman.)*

MERRIMAN.—El coche está en la puerta, señor. *(Algernon lanza una mirada de súplica a Cecily.)*

CECILY.—Que espere cinco minutos, Merriman.

MERRIMAN.—Sí, miss. *(Sale Merriman.)*

ALGERNON.—Espero, Cecily, que no se ofenderá si le digo franca y abiertamente que es usted en todos los sentidos la personificación visible de la absoluta perfección.

CECILY.—Creo que su franqueza dice mucho en su favor, Ernest. Si me lo permite, copiaré sus observaciones en mi diario. *(Va hacia la mesa y empieza a escribir en el diario.)*

ALGERNON.—¿Lleva usted de verdad un diario? Daría cualquier cosa por verlo. ¿Puedo...?

CECILY.—¡Oh, no! *(Pone su mano sobre él.)* Se dará cuenta de que esto es simplemente la relación de los pensamientos e impresiones de una muchacha muy joven, y como consecuencia espero publicarlo. Cuando aparezca en volumen espero que adquiera usted un ejemplar. Pero se lo ruego, Ernest, no se detenga. Me encanta tomar al dictado. He llegado hasta la "absoluta perfección". Puede seguir. Estoy dispuesta.

ALGERNON.—*(Algo retraído.)* ¡Ejem! ¡Ejem!

CECILY.—¡Oh! No tosa, Ernest. Cuando se dicta se debe hablar claramente y sin toser. Además, no sé cómo se escribe la tos. *(Escribe mientras habla Algernon.)*

ALGERNON.—*(Hablando muy rápidamente.)* Cecily, desde que vi por vez primera su maravillosa e incomparable belleza he osado amarla ardiente, apasionada, devota, desesperadamente.

CECILY.—Creo que no debería usted decirme que me ama ardiente, apasionada, devota, desesperadamente. Desesperadamente no parece tener mucho sentido, ¿verdad?

ALGERNON.—¡Cecily! *(Entra Merriman.)*

MERRIMAN.—El coche está esperando, señor.

ALGERNON.—Dígale que venga la semana que viene a la misma hora.

MERRIMAN.—*(Mira a Cecily, que no hace ningún gesto.)* Sí, señor *(Merriman se retira.)*

CECILY.—El tío Jack se enfadaría mucho si supiese que se iba a quedar usted hasta la semana que viene a la misma hora.

ALGERNON.—¡Oh! No me importa en absoluto Jack. No me importa nadie en el mundo, excepto usted. La amo, Cecily. ¿Quiere usted casarse conmigo?

CECILY.—¡Qué tonto! Naturalmente que sí. Estamos prometidos desde hace tres meses.

ALGERNON.—¿Tres meses?

CECILY.—Sí, exactamente el jueves hace tres meses.

ALGERNON.—Pero ¿cómo nos prometimos?

CECILY.—Desde que el querido tío Jack nos confesó que tenía un hermano menor que era muy majo, usted, naturalmente, entró a formar parte del tema principal de las conversaciones entre miss Prism y yo. Y, desde luego, un hombre del que se habla mucho se hace muy atractivo. Una siente que en él debe de haber algo especial. Fue una locura, pero yo me enamoré de usted, Ernest.

ALGERNON.—Amada mía. ¿Y cuándo nos prometimos realmente?

CECILY.—El catorce de febrero último. Cansada de que usted ignorase por entero mi existencia, decidí terminar con eso de una forma u otra, y después de muchas cavilaciones le acepté a usted bajo ese viejo y querido árbol. Al día siguiente compré esta sortijita en su nombre, y esta es la pequeña pulsera con el verdadero lazo de amor que le he prometido a usted llevar siempre.

ALGERNON.—¿Yo se la he regalado? Es muy bonita, ¿verdad?

CECILY.—Sí; tiene usted un gusto maravilloso, Ernest. Esa es la excusa que yo siempre le he dado a su mala vida. Y esta es la caja en la que guardo todas sus amadas cartas. *(Se arrodilla ante la mesa, abre la caja y saca unas cartas atadas con una cinta azul.)*

ALGERNON.—¡Mis cartas! Pero, Cecily mía, yo nunca la he escrito ninguna carta.

CECILY.—No necesita usted decirme eso, Ernest. Recuerdo perfectamente que me vi obligada a escribir sus cartas por usted. Escribí tres veces a la semana y a veces más.

ALGERNON.—¡Oh! ¿Me deja usted leerlas, Cecily?

CECILY.—¡Oh, no es posible! Harían que usted se sintiera engreído. *(Guarda la caja.)* Las tres que me escribió después de romper nuestro compromiso son tan bellas y tan malas ortográficamente, que aun ahora no puedo leerlas sin llorar un poco.

ALGERNON.—Pero ¿rompimos nuestro compromiso?

CECILY.—Naturalmente. El veintidós de mayo último. Puede verlo si quiere. *(Le enseña el diario.)* "Hoy he roto mi compromiso con Ernest. Creo que es mejor así. El tiempo continúa siendo encantador."

ALGERNON.—Pero ¿por qué rompimos? ¿Qué hice yo? Supongo que nada. Cecily, me ha dolido oírle decir que hemos roto. Particularmente cuando el tiempo era tan encantador.

CECILY.—No hubiera sido un compromiso serio si no hubiéramos regañado por lo menos una vez. Pero le perdoné antes que transcurriera una semana.

ALGERNON.—*(Acercándose a ella y arrodillándose.)* Es usted un ángel, Cecily.

CECILY.—Y usted un muchacho muy romántico. *(Él la besa, ella le acaricia el pelo con los dedos.)* Supongo que sus rizos serán naturales, ¿verdad?

ALGERNON.—Sí, vida mía, con un poco de ayuda.

CECILY.—Me alegro.

ALGERNON.—No volverá usted a romper otra vez nuestro compromiso, ¿verdad, Cecily?

CECILY.—No creo que pudiera hacerlo, ahora que lo conozco. Además, naturalmente, está el asunto de su nombre.

ALGERNON.—*(Nervioso.)* Sí, naturalmente.

CECILY.—No debe reírse de mí, querido, pero siempre soñé en amar a alguien que se llamara Ernest. *(Algernon se levanta, Cecily también.)* Hay algo en ese nombre que parece inspirar absoluta confianza. Compadezco a la mujer casada cuyo marido no se llame Ernest.

ALGERNON.—Pero, mi querida niña, ¿quiere decir que no me amaría si yo tuviera otro nombre?

CECILY.—Pero ¿qué nombre?

ALGERNON.—¡Oh! Cualquier nombre... Algernon, por ejemplo...

CECILY.—Pero a mí no me gusta el nombre de Algernon.

ALGERNON.—Pero, cariño, amada mía, cielo, realmente no puedo comprender qué se le puede objetar al nombre de Algernon. No es un mal nombre. El hecho es que suena a bastante aristocrático. La mitad de los que son conducidos ante el tribunal de quiebras se llaman Algernon. Pero de verdad, Cecily... *(Acercándose a ella.)* Si mi nombre fuera Algy, ¿no me amaría usted?

CECILY.—*(Levantándose.)* Podría respetarlo, Ernest, podría admirar su carácter, pero temo que no sería capaz de prestarle mi completa atención.

ALGERNON.—¡Ejem! ¡Cecily! *(Cogiendo el sombrero.)* ¿Supongo que el cura de aquí tendrá mucha experiencia en la práctica de todos los ritos y ceremonias de la iglesia?

CECILY.—¡Oh, sí! El doctor Chasuble es un hombre muy culto. Nunca ha escrito un solo libro; así que puede usted imaginarse todo lo que sabe.

ALGERNON.—Debo verle inmediatamente para un bautizo muy importante..., quiero decir para un asunto muy importante.

CECILY.—¡Oh!

ALGERNON.—Estaré fuera solo media hora.

CECILY.—Considerando que estamos prometidos desde el catorce de febrero y que hoy es la primera vez que le he visto, creo que está bastante feo que se ausente por un tiempo tan largo como es media hora. ¿No podrían ser veinte minutos?

ALGERNON.—Regresaré al instante. *(La besa y se va corriendo por el jardín.)*

CECILY.—¡Qué impetuoso es! Me gusta mucho su pelo. Debo escribir su declaración en mi diario. *(Entra Merriman.)*

MERRIMAN.—Una tal miss Fairfax acaba de preguntar por míster Worthing. Dice que es para un asunto muy importante.

CECILY.—¿No está míster Worthing en la biblioteca?

MERRIMAN.—Míster Worthing se marchó hace un rato en, dirección a la parroquia.

CECILY.—Dígale a esa señora que haga el favor de entrar aquí. Seguramente míster Worthing regresará pronto. Y puede traer el té.

MERRIMAN.—Sí, miss. *(Sale.)*

CECILY.—¡Miss Fairfax! Supongo que será una de esas viejas damas que trabajan en colaboración con el tío Jack en sus asuntos filantrópicos de Londres. No me agrada que las mujeres se interesen tanto por la filantropía. Es un gran atrevimiento por su parte. *(Entra Merriman.)*

MERRIMAN.—Miss Fairfax. *(Entra Gwendolen. Sale Merriman.)*

CECILY.—*(Saliendo al encuentro de Gwendolen.)* Permítame que me presente yo misma. Mi nombre es Cecily Cardew.

GWENDOLEN.—¿Cecily Cardew? *(Estrechándole la mano.)* ¡Qué nombre tan dulce! Algo me dice que vamos a ser grandes amigas. Me gusta usted ya mucho. Mis primeras impresiones sobre la gente nunca son erróneas.

CECILY.—Es usted muy amable al decirme eso cuando hace tan poco tiempo que nos conocemos. Siéntese, por favor.

GWENDOLEN.—*(Siguiendo aún en pie.)* Puedo llamarla Cecily, ¿verdad?

CECILY.—¡Encantada!

GWENDOLEN.—Y usted puede llamarme Gwendolen. ¿Le parece bien?

CECILY.—Si usted lo desea...

GWENDOLEN.—Entonces quedamos en eso, ¿no?

CECILY.—Está bien. *(Una pausa. Ambas se sientan.)*

GWENDOLEN.—Quizá sea esta una buena oportunidad para decirle quién soy. Mi padre es lord Bracknell. ¿Supongo que nunca habrá oído hablar de papá?

CECILY.—No creo.

GWENDOLEN.—Fuera de nuestro círculo familiar, papá,

me alegra decirlo, es enteramente desconocido. Creo que así es como debe ser. El hogar es, a mi entender, la verdadera esfera del hombre. Y ciertamente, cuando un hombre empieza a descuidar sus deberes domésticos se vuelve dolorosamente afeminado, ¿verdad? Y a mí eso no me gusta. ¡Hace a los hombres tan atractivos! Cecily: mamá, cuyos conceptos sobre la educación son extremadamente estrictos, me ha enseñado a ser una absoluta corta de vista; esa es una parte de su sistema; por tanto, ¿no le importa que la mire a través de mis gafas?

CECILY.—¡Oh! En absoluto, Gwendolen. Me agrada mucho que me miren.

GWENDOLEN.—*(Después de examinar a Cecily cuidadosamente a través de sus lentes.)* ¿Estará usted aquí haciendo una visita, supongo?

CECILY.—¡Oh, no! Vivo aquí.

GWENDOLEN.—*(Severamente.)* ¿Eh? No hay duda de que su madre o alguna pariente suya de edad avanzada reside aquí también.

CECILY.—¡Oh, no! No tengo madre ni, realmente, ningún pariente.

GWENDOLEN.—¿Cómo?

CECILY.—Mi querido tutor, con la ayuda de miss Prism, tiene la dura tarea el cuidar de mí.

GWENDOLEN.—¿Su tutor?

CECILY.—Sí; soy la pupila de míster Worthing.

GWENDOLEN.—¡Oh! Es extraño que nunca me haya mencionado que tenía una pupila. ¡Cómo ha guardado el secreto! Ahora lo veo más interesante aún. No estoy segura, sin embargo, de que la noticia me cause una completa alegría. *(Levantándose y yendo hacia Cecily.)* Me agrada usted mucho, Cecily. ¡Me gusta desde el momento en que la conocí! Pero debo decir que ahora que sé que es usted la pupila de míster Worthing desearía que fuese..., bueno, un poco más vieja de lo que es... y no tan bonita. En resumen, si puedo hablar francamente...

CECILY.—¡Le ruego que lo haga! Creo que, si se tiene algo desagradable que decir, siempre se debe hablar con franqueza.

GWENDOLEN.—Bien, pues hablando con completa franqueza, Cecily, desearía que tuviera usted cuarenta y dos años y fuera más fea de lo que se es a esa edad. Ernest tiene un carácter fuerte y recto. Es la personificación del honor y la verdad. La deslealtad sería algo imposible en él. Pero aun los hombres del más noble carácter moral posible son extremadamente susceptibles a la influencia de los encantos físicos de los demás. La historia moderna y también la antigua nos muestra muchos dolorosos ejemplos de lo que yo he dicho. Realmente, si no fuera así, la historia sería ilegible.

CECILY.—Perdón, Gwendolen, ¿ha dicho usted Ernest?

GWENDOLEN.—Sí.

CECILY.—¡Oh! Míster Ernest Worthing no es mi tutor. Es su hermano..., su hermano mayor.

GWENDOLEN.—*(Sentándose otra vez.)* Ernest nunca me dijo que tenía un hermano.

CECILY.—Siento decir que durante mucho tiempo no ha estado en buenas relaciones con él.

GWENDOLEN.—¡Ah! Eso lo explica todo. Y ahora que lo pienso, nunca he oído a ningún hombre hablar de su hermano. Parecen detestar este tema. Cecily: me ha quitado un gran peso de encima. Empezaba a preocuparme. Sería terrible que alguna nube empañara una amistad como la nuestra, ¿verdad? ¿Supongo que estará usted segura, completamente segura, de que míster Worthing no es su tutor?

CECILY.—Completamente segura. *(Una pausa.)* La verdad es que soy yo la que va a ser su tutora.

GWENDOLEN.—*(Inquisitivamente.)* ¿Cómo dice?

CECILY.—*(Confidencialmente.)* Querida Gwendolen: no hay razón para que le guarde a usted el secreto. Nuestro periodiquito local lo publicará la semana que viene. Míster Ernest Worthing y yo nos hemos prometido y nos casaremos.

GWENDOLEN.—*(Con tono muy cortés, levantándose.)* Mi querida Cecily: creo que aquí debe de haber un ligero error.

Míster Ernest Worthing es mi prometido. La noticia saldrá en el *Morning Post* el sábado como muy tarde.

CECILY.—*(También con mucha cortesía, levantándose.)* Temo que esté usted equivocada. Ernest se me declaró hace exactamente diez minutos. *(Le muestra su diario.)*

GWENDOLEN.—*(Examina el diario atentamente a través de sus lentes.)* Ciertamente esto es muy curioso, porque él me pidió que fuera su esposa ayer por la tarde a las cinco y media. Si quiere estar segura de la veracidad de este hecho, le ruego que mire aquí. *(Saca su propio diario.)* Nunca viajo sin mi diario. Siempre se debe llevar algo sensacional para leer en el tren. Siento, querida Cecily, que se lleve usted esta desilusión, pero creo que tengo derecho de primacía.

CECILY.—Sentiría, querida Gwendolen, causarle un dolor mental o físico, pero creo que desde que Ernest se declaró a usted está bastante claro que ha cambiado de opinión.

GWENDOLEN.—*(Con aire meditativo.)* Si el pobre muchacho se ha dejado atrapar por una tonta promesa, considero mi deber rescatarlo inmediatamente y con mano firme.

CECILY.—*(Con tono triste y pensativo.)* Sea cual sea el infortunado embrollo en que se ha metido mi prometido, nunca se lo reprocharé después de casados.

GWENDOLEN.—¿Alude usted a mí, miss Cardew, cuando habla de embrollo? Es usted una presuntuosa. En una ocasión como esta es más que un deber moral decir lo que se piensa. Es un placer.

CECILY.—¿Sugiere usted, miss Fairfax, que yo cogí a Ernest en una trampa? ¿Cómo se atreve? Este no es el momento de andar fingiendo. Cuando veo una azada, la llamo azada.

GWENDOLEN.—*(Burlonamente.)* Me alegro de poder decir que nunca he visto una azada. Claro que nuestras esferas sociales son completamente diferentes. *(Entra Merriman seguido de un criado. Trae una bandeja, un mantel y el servicio de té. Cecily va a contestar, pero la presencia de los sirvientes ejerce una influencia tranquilizadora en las dos muchachas, que, aun que irritadas, se contienen.)*

MERRIMAN.—¿Sirvo el té aquí, como de costumbre, miss?

CECILY.—*(Severamente, con calma.)* Sí, como de costumbre. *(Merriman empieza a quitar las cosas de la mesa y después coloca el mantel. Una larga pausa. Cecily y Gwendolen se miran.)*

GWENDOLEN.—¿Hay excursiones interesantes que hacer aquí, miss Cardew?

CECILY.—¡Oh, sí! Muchas. Desde lo alto de una de las colinas se pueden ver cinco provincias.

GWENDOLEN.—¡Cinco provincias! No creo que eso me gustara. Odio las multitudes.

CECILY.—*(Dulcemente.)* ¿Supongo que por eso vive usted en la capital? *(Gwendolen se muerde el labio y se golpea el pie nerviosamente con su sombrilla.)*

GWENDOLEN.—

(Mirando a su alrededor.) Este es un jardín muy bien cuidado, miss Cardew.

CECILY.—Me alegro de que le guste, miss Fairfax.

GWENDOLEN.—No tenía idea de que hubiese flores en el campo.

CECILY.—¡Oh! Las flores son muy corrientes aquí, como la gente en Londres.

GWENDOLEN.—Personalmente no puedo comprender cómo la gente puede vivir en el campo, si es que alguien lo hace. El campo siempre me aburre enormemente.

CECILY.—¡Ah! Eso es lo que los periódicos llaman la depresión agrícola, ¿verdad? Creo que en el presente la aristocracia la padece mucho. Es casi una epidemia entre ellos, según me han dicho. ¿Puede ofrecerle un poco de té, miss Fairfax?

GWENDOLEN.—*(Con gran amabilidad.)* Gracias. *(Aparte.)* ¡Odiosa muchacha! ¡Pero necesito té!

CECILY.—*(Dulcemente.)* ¿Azúcar?

GWENDOLEN.—*(Con arrogancia.)* No, gracias. El azúcar ya no está de moda. *(Cecily la mira con ira, coge el azucarero y pone cuatro terrones de azúcar en la taza.)*

CECILY.—*(En tono seco:)* ¿Pastel o pan con mantequilla?

GWENDOLEN.—*(Con un ademán aburrido.)* Pan con mantequilla, por favor. El pastel raramente se ve hoy en día en las buenas casas de Londres.

CECILY.—*(Corta un trozo grande de pastel y lo pone sobre la bandeja.)* Déle esto a miss Fairfax. *(Merriman lo hace y se va con el criado. Gwendolen bebe el té y hace una mueca. Deja rápidamente la taza; va a coger su pan con mantequilla, lo mira y ve que es pastel. Se levanta indignada.)*

GWENDOLEN.—Ha llenado mi té de terrones de azúcar y aunque yo le pedí pan y mantequilla me ha dado usted pastel. Soy conocida por mi gentil disposición y la extraordinaria dulzura de mi carácter, pero ahora, miss Cardew, ha ido usted demasiado lejos.

CECILY.—*(Levantándose.)* Por salvar a mi pobre e inocente Ernest de las maquinaciones de cualquier otra muchacha iría hasta, donde fuera necesario.

GWENDOLEN.—Desde el momento en que la vi desconfié de usted. Noté que era falsa y osada. Nunca me equivoco en estas cosas. Mis primeras impresiones de la gente son siempre ciertas.

CECILY.—Me parece, miss Fairfax, que estoy haciéndole perder un valioso tiempo. No hay duda de que tendrá que hacer otras muchas visitas de carácter similar en la vecindad. *(Entra Jack.)*

GWENDOLEN.—*(Al darse cuenta de su llegada.)* ¡Ernest! ¡Mi querido Ernest!

JACK.—¡Gwendolen! ¡Vida mía! *(Va a besarla.)*

GWENDOLEN.—*(Retrocediendo.)* ¡Un momento! ¿Puedo preguntarle si está comprometido con esta joven? *(Señala a Cecily.)*

JACK.—*(Riendo.)* ¿Con la pequeña y querida Cecily? ¡Naturalmente que no! ¿Qué ha hecho que se forje esa idea en su bella cabecita?

GWENDOLEN.—¡Gracias! Puede besarme. *(Le ofrece la mejilla.)*

CECILY.—*(Muy dulcemente.)* Ya sabía que debía de haber algún mal entendido, miss Fairfax. El caballero cuyo brazo rodea su cintura es mi tutor, míster John Worthing.

GWENDOLEN.—¿Cómo?

CECILY.—Es el tío Jack.

GWENDOLEN.—*(Retrocediendo.)* ¡Jack! ¡Oh! *(Entra Algernon.)*

CECILY.—Aquí está Ernest.

ALGERNON.—*(Va derecho hacia Cecily sin darse cuenta de que hay alguien más en la habitación.)* ¡Amor mío! *(Va a besarla.)*

CECILY.—*(Retrocediendo.)* ¡Un momento, Ernest! ¿Puedo preguntarle... si ha hecho usted promesa de matrimonio a esta joven?

ALGERNON.—*(Mirando a su alrededor.)* ¿A qué joven? ¡Cielo santo! ¡Gwendolen!

CECILY.—¡Sí! ¡Cielo santo, Gwendolen! A Gwendolen me refiero.

ALGERNON.—*(Riendo.)* ¡Naturalmente que no! ¿Quién ha metido esa idea en su bella cabecita?

CECILY.—Gracias. *(Poniendo la mejilla para que se la bese.)* Ahora puede. *(Algernon la besa.)*

GWENDOLEN.—

Creo que aquí hay un ligero error, miss Cardew. El caballero que ahora la abraza es mi primo, míster Algernon Moncrieff.

CECILY.—*(Separándose de Algernon.)* ¡Algernon Moncrieff! ¡Oh! *(Las dos muchachas se acercan la una a la otra y se cogen de la cintura como para protegerse mutuamente.)* ¿Se llama usted Algernon?

ALGERNON.—No puedo negarlo.

CECILY.—¡Oh!

GWENDOLEN.—¿Su nombre es realmente John?

JACK.—*(Con cierto orgullo.)* Podría negarlo si quisiera. Si quisiera podría negarlo todo. Pero mi nombre es en verdad John. Ha sido John durante muchos años.

CECILY.—*(A Gwendolen.)* Ambas hemos sufrido una gran decepción.

GWENDOLEN.—¡Mi pobre Cecily, ofendida!

CECILY.—¡Mi estimada Gwendolen, agraviada!

GWENDOLEN.—*(Hablando despacio y muy seria.)* No le importará llamarme hermana, ¿verdad? *(Se abrazan. Jack y Algernon hablan en voz baja y empiezan a andar de un lado para otro.)*

CECILY.—Hay una pregunta que quiero hacerle a mi tutor.

GWENDOLEN.—¡Una admirable idea! Míster Worthing: hay una pregunta que quisiera hacerle. ¿Dónde está su hermano Ernest? Las dos estamos prometidas a su hermano Ernest; así que para nosotras es un asunto de gran importancia saber dónde está su hermano Ernest.

JACK.—*(Con lentitud y tono vacilante.)* Gwendolen..., Cecily... Es muy doloroso para mí verme obligado a decir la verdad. Es la primera vez en mi vida que tengo que pasar por un trance tan penoso, y realmente no tengo experiencia de cómo debo hacerlo. Sin embargo, les diré francamente que no tengo ningún hermano que se llame Ernest. En verdad, no tengo ningún hermano. Nunca en mi vida he tenido ninguno, y ciertamente no tengo la menor intención de tenerlo en el futuro.

CECILY.—*(Sorprendida.)* ¿Ningún hermano?

JACK.—*(Con alegría.)* Ninguno.

GWENDOLEN.—*(Severamente.)* ¿Nunca ha tenido ningún hermano?

JACK.—*(Otra vez alegremente.)* Nunca. Ningún hermano.

GWENDOLEN.—Temo que está bastante claro, Cecily, que ninguna de nosotras está prometida con nadie.

CECILY.—No es muy agradable para una muchacha joven encontrarse de repente con una posición como esta, ¿verdad?

GWENDOLEN.—Entremos en la casa. No creo que se atrevan a seguirnos allí.

CECILY.—No. ¡Los hombres son tan cobardes! ¿No es cierto? *(Entran en la casa después de mirarlos desdeñosamente.)*

JACK.—¿Supongo que este lamentable estado de cosas es lo que tú llamas bunburysmo, no?

ALGERNON.—Sí, y este es un bunburysmo perfectamente maravilloso. El mejor de toda mi vida.

JACK.—Bueno, pues no tienes ningún derecho a practicar el bunburysmo aquí.

ALGERNON.—Eso es absurdo. Uno tiene derecho a bunburyzar en cualquier parte. Todo bunburysta serio sabe eso.

JACK.—¡Bunburysta serio! ¡Cielo santo!

ALGERNON.—Bueno, hay que ser serio en algo si se quiere tener una diversión en la vida. A mí se me ocurre ser serio con el bunburysmo. No tengo ni la menor idea de lo que tú te tomas en serio. Presumo que te lo tomas todo. Tienes un carácter absolutamente trivial.

JACK.—Bueno, la única satisfacción que tengo en todo este lío es que tu amigo Bunbury ha dejado de existir. No serás capaz de venir al campo tan frecuentemente como solías hacerlo, querido Algy. Eso es una buena cosa.

ALGERNON.—Tu hermano también está un poco acabado, ¿verdad, querido Jack? No podrás ir a Londres tan a menudo como era tu costumbre. Eso tampoco es una mala cosa.

JACK.—En cuanto a tu conducta con miss Cardew, debo decirte que hacer eso con una muchacha tan dulce, sencilla e inocente como ella es algo completamente inexcusable. Sin mencionar el hecho de que ella es mi pupila.

ALGERNON.—No hay disculpa posible para tu manera de obrar con una muchacha tan inteligente y experimentada como miss Fairfax, sin mencionar el hecho de que ella es mi prima.

JACK.—Yo pienso casarme con Gwendolen, eso es todo. La amo.

ALGERNON.—Bien; yo simplemente quiero casarme con Cecily. La adoro.

JACK.—Ciertamente, no creo que tengas muchas posibilidades de casarte con miss Cardew.

ALGERNON.—No creo que pueda llegar a realizarse tu matrimonio con miss Fairfax.

JACK.—Bueno; eso no es cuenta tuya.

ALGERNON.—Si fuera cuenta mía, no hablaría de ello. *(Empieza a comer pasteles.)* Es muy vulgar hablar de lo que nos incumbe. Solo los que son como los agentes de bolsa lo hacen, y aun así solo en los banquetes.

JACK.—¿Cómo puedes estar ahí tan tranquilo comiendo pasteles cuando tenemos este horrible problema? Me pareces un ser sin corazón.

ALGERNON.—No puedo comer pasteles cuando estoy nervioso. Probablemente me mancharía los puños de mantequilla. Siempre se pueden comer pasteles estando tranquilo. Es la única manera de poder comerlos.

JACK.—Digo que demuestras no tener corazón al poder comer pasteles en estas circunstancias.

ALGERNON.—Cuando tengo alguna preocupación, comer es la única cosa que me consuela. Cuando tengo un problema realmente grande, todos los que me conocen íntimamente pueden decirte que me niego a todo excepto a comer y beber. En el momento presente estoy comiendo pasteles porque soy desgraciado. Además los pasteles me gustan mucho. *(Se levanta.)*

JACK.—*(Se levanta.)* Bueno, esa no es razón para que te los comas todos de esa forma tan voraz. *(Le quita los pasteles a Algernon.)*

ALGERNON.—*(Ofreciéndole el pastel del té.)* Desearía que te comieses este en vez de los pasteles. A mí me gustan más.

JACK.—¡Cielos! Supongo que uno puede comerse sus pasteles en su propio jardín.

ALGERNON.—Pero tú acabas de decir que se demuestra no tener corazón al comer pasteles.

JACK.—Eso lo dije por ti en estas circunstancias. Eso es una cosa muy diferente.

ALGERNON.—Puede ser, pero los pasteles son los mismos. *(Le quita a Jack la bandeja de los pasteles.)*

JACK.—Algy, me gustaría que tuvieras la bondad de irte.

ALGERNON.—No puedes decirme que me vaya sin haber comido algo. Es absurdo. Nunca me voy sin comer. Nadie lo hace, excepto los vegetarianos y toda esa gente. Además, he quedado con el doctor Chasuble para ser bautizado a la seis menos cuarto con el nombre de Ernest.

JACK.—Mi querido amigo, cuanto más pronto dejes de pensar en hacer esa tontería, mejor. He quedado esta mañana con el doctor Chasuble para ser bautizado a las cinco y media, y naturalmente será con el nombre de Ernest. Gwendolen lo desea así. No podemos bautizarnos los dos con el nombre de Ernest. Es absurdo. Además, tengo perfecto derecho a ser bautizado si quiero. No hay pruebas de que yo haya sido bautizado por nadie. Creo que es muy posible que no lo esté, y lo mismo cree el doctor Chasuble. En tu caso es completamente diferente. Tú has sido bautizado ya.

ALGERNON.—Sí, pero eso ocurrió hace muchos años.

JACK.—Sí, pero has sido bautizado. Eso es lo importante.

ALGERNON.—Cierto. Por eso sé que mi constitución podrá resistirlo. Si tú no estás completamente seguro de haber sido bautizado, debo decirte que es peligroso aventurarse a hacerlo ahora. Podría ser perjudicial. No debes olvidar que alguien muy relacionado contigo ha estado a punto de morirse en París de un fuerte resfriado.

JACK.—Sí, pero tú mismo dijiste que un fuerte resfriado no es hereditario.

ALGERNON.—Corrientemente no, ya lo sé...; pero ahora me atrevo a decir que sí. La ciencia siempre está haciendo progresos maravillosos.

JACK.—*(Cogiendo la bandeja con los pasteles.)* ¡Oh! Eso es una tontería. Siempre estás diciendo tonterías.

ALGERNON.—¡Jack, otra vez con los pasteles! Desearía que los dejaras. Solo hay dos. *(Los coge.)* Te he dicho que los pasteles me gustan muchísimo.

JACK.—Pero yo odio el pastel de té.

ALGERNON.—Entonces ¿por qué diablos permites que se

le sirva a tus invitados? ¿Qué ideas tienes sobre la hospitalidad?

JACK.—¡Algernon! Ya te he dicho que te vayas. No te quiero aquí. ¿Por qué no te vas?

ALGERNON.—¡Todavía no he tomado por entero el té! Y aún queda un pastel. *(Jack suspira y se deja caer en una silla. Algernon continúa comiendo.)*

TELÓN

ACTO TERCERO

Escena: salón de Manor House, Woolton. Gwendolen y Cecily están junto a la ventana mirando al jardín.

GWENDOLEN.—El hecho de que no nos hayan seguido dentro de la casa, como cualquier otro hubiera hecho, me parece que demuestra que aún les queda algún sentido de la vergüenza.

CECILY.—Han estado. comiendo pasteles. Parece que están arrepentidos.

GWENDOLEN.—*(Después de una pausa.)* Están como si no se dieran cuenta de nuestra presencia. ¿No podría usted toser?

CECILY.—No tengo catarro.

GWENDOLEN.—Nos miran. ¡Qué descaro!

CECILY.—Se acercan. ¡Qué osadía!

GWENDOLEN.—Guardemos un digno silencio.

CECILY.—Ciertamente. Es lo único que podemos hacer ahora. *(Entra Jack seguido de Algernon. Vienen silbando un aire horriblemente popular de una ópera inglesa.)*

GWENDOLEN.—Este digno silencio parece producir un efecto desagradable.

CECILY.—De lo más deplorable.

GWENDOLEN.—Pero nosotras no debemos ser las primeras en hablar.

CECILY.—Naturalmente que no.

GWENDOLEN.—Míster Worthing, tengo algo muy particular que preguntarle. Muchas cosas dependen de su respuesta.

CECILY.—Gwendolen, su sentido común es inapreciable. Míster Moncrieff, contesteme a la siguiente pregunta: ¿Por qué pretendió ser el hermano de mi tutor?

ALGERNON.—Para tener una oportunidad de conocerla.

CECILY.—*(A Gwendolen.)* Esa es una explicación satisfactoria, ¿verdad?

GWENDOLEN.—Sí, querida, si puede usted creerlo.

CECILY.—No lo creo. Pero eso no importa para la maravillosa belleza de su respuesta.

GWENDOLEN.—Cierto. En los asuntos de gran importancia, lo vital es el estilo, no la sinceridad. Míster Worthing, ¿qué explicación puede usted ofrecerme por pretender haber tenido un hermano? ¿Era para tener la oportunidad de venir a yerme a la ciudad lo más frecuentemente posible?

JACK.—¿Puede usted dudarlo, miss Fairfax?

GWENDOLEN.—Tengo grandes dudas sobre el asunto. Pero intento desecharlas. Este no es momento de escepticismos de estilo alemán. *(Dirigiéndose hacia Cecily.)* Sus explicaciones parecen ser completamente satisfactorias, especialmente las de míster Worthing. Parece haber en ellas el sello de la verdad.

CECILY.—Yo estoy más contenta con la que ha dicho míster Moncrieff. Su sola voz me inspira una absoluta credulidad.

GWENDOLEN.—Entonces ¿cree usted que deberíamos perdonarlos?

CECILY.—Sí, creo que sí.

GWENDOLEN.—¡Cierto! Yo ya he perdonado. Hay principios que no se pueden olvidar. ¿Cuál de nosotras se lo dirá? La tarea no es agradable.

CECILY.—¿No podemos hablar las dos al mismo tiempo?

GWENDOLEN.—¡Una excelente idea! Yo siempre hablo al mismo tiempo que los demás. ¿Quiere usted que yo le dé la pauta?

CECILY.—Desde luego. *(Gwendolen lleva el compás con el dedo.)*

GWENDOLEN y CECILY.—*(Hablando a la vez.)* Sus nombres de pila son todavía una barrera infranqueable. ¡Eso es todo!

JACK y ALGERNON.—*(Hablando a la vez.)* ¡Nuestros nombres de pila! ¿Eso es todo? Pero nosotros vamos a bautizarnos esta tarde.

GWENDOLEN.—*(A Jack.)* ¿Está usted dispuesto a hacer esa terrible cosa por mí?

CECILY.—*(A Algernon.)* ¿Por mi causa va usted a hacer frente a esa horrible situación?

ALGERNON.—¡Sí!

GWENDOLEN.—¡Qué absurdo es hablar de la igualdad de los sexos! En lo que se refiere a sacrificarse, los hombres llegan infinitamente más lejos que nosotras.

JACK.—Nosotros somos así. *(Estrecha la mano de Algernon.)*

CECILY.—Tienen momentos de valor de los cuales las mujeres no saben absolutamente nada.

GWENDOLEN.—*(A Jack.)* ¡Vida mía!

ALGERNON.—*(A Cecily.)* ¡Vida mía! *(Entra Merriman. Al ver la situación tose fuertemente.)*

MERRIMAN.—¡Ejem! ¡Ejem! ¡Lady Bracknell!

JACK.—¡Cielo santo! *(Entra lady Bracknell; las parejas se separan rápidamente. Merriman se va.)*

LADY BRACKNELL.—¡Gwendolen! ¿Qué significa esto?

GWENDOLEN.—Simplemente que soy la novia de míster Worthing, mamá.

LADY BRACKNELL.—Ven aquí. Siéntate. Siéntate inmediatamente. La vacilación de cualquier clase es un signo de decadencia mental en los jóvenes y de decadencia física en los viejos. *(Se vuelve hacia Jack.)* Señor, cuando me enteré de la rápida marcha de mi hija por boca de su doncella, cuyas confidencias compré por unas cuantas monedas, la seguí inmediatamente en un mercancías. Su infortunado padre cree, me alegra decirlo, que está oyendo una conferencia más larga de lo corriente en el Círculo de Ampliación Universitaria sobre el tema de la «Influencia de la renta permanente en el pensamiento». No quiero desengañarle. Realmente jamás le he desengañado de nada. Lo considero una equivocación. Pero desde luego puede entender sin dificultad que toda relación entre usted y mi hija debe cesar inmediatamente. Sobre este punto, como sobre todos los puntos, estoy firme.

JACK.—¡Estoy prometido a Gwendolen, lady Bracknell!

LADY BRACKNELL.—Usted no está prometido con nadie, señor. Y ahora que veo a Algernon... ¡Algernon!

ALGERNON.—Sí, tía Augusta.

LADY BRACKNELL.—¿Puedo saber si es en esta casa donde reside ese amigo tuyo inválido llamado Bunbury?

ALGERNON.—*(Tartamudeando.)* ¡Oh! ¡No! Bunbury no vive aquí. No sé dónde estará en este momento. En resumen, Bunbury ha muerto.

LADY BRACKNELL.—¡Muerto! ¿Cuándo murió? Su muerte debe de haber sido extremadamente repentina.

ALGERNON.—*(Con fono alegre.)* ¡Oh! A Bunbury le he matado esta tarde. Quiero decir que el pobre Bunbury ha muerto esta tarde.

LADY BRACKNELL.—¿De qué ha muerto?

ALGERNON.—¿Bunbury? ¡Oh! Explotó completamente.

LADY BRACKNELL.—¡Explotó! ¿Fué víctima de un atentado revolucionario? No sabía que míster Bunbury estuviera interesado por la legislación social. Si era así, le está bien empleado por su morbosidad.

ALGERNON.—Mi querida tía Augusta, ¡quiero decir que fue descubierto! Los doctores descubrieron que no podía vivir, eso es lo que quise decir...; así que Bunbury murió.

LADY BRACKNELL.—Parece haber tenido gran confianza en la opinión de los médicos. Me alegro, sin embargo, de que al fin se decidiese a hacer una cosa definitiva por prescripción médica. Y ahora que ya nos hemos desembarazado de ese míster Bunbury, ¿puedo saber, míster Worthing, quién es esa joven cuya mano tiene cogida mi sobrino Algernon de una forma que me parece totalmente innecesaria?

JACK.—Esa señorita es miss Cecily Cardew, mi pupila. *(Lady Bracknell saluda fríamente a Cecily.)*

ALGERNON.—Voy a casarme con Cecily, tía Augusta.

LADY BRACKNELL.—¿Cómo dices?

CECILY.—Míster Moncrieff y yo vamos a casarnos, lady Bracknell.

LADY BRACKNELL.—*(Con un estremecimiento, va hacia el sofá y se sienta.)* No sé si hay una peculiar excitación en el ambiente de esta parte de Hertfordshire, pero el número de compromisos que hay me parece que supera considerablemente a las estadísticas. Creo que algunas preguntas preliminares por mi parte no estarían fuera de lugar. Míster Worthing, ¿está relacionada miss Cardew con alguna de las grandes estaciones de ferrocarril de Londres? Simplemente es como información. Hasta aquí no tenía idea de que había familias o personas cuyo origen era una estación terminal. *(Jack se pone furiosísimo, pero se contiene.)*

JACK.—*(Con voz clara y fría.)* Miss Cardew es la nieta del último míster Thomas Cardew, de Belgrave Square, ciento cuarenta y nueve, «S.» «W.»; Gervase Park, Dorking, Surrey, y Sporran, Fifeshire, «N.» «B.»

LADY BRACKNELL.—Eso es satisfactorio. Tres direcciones siempre inspiran confianza, hasta en los comerciantes. Pero ¿qué pruebas tiene de su autenticidad?

JACK.—He conservado cuidadosamente las guías de aquella época. Están a su disposición, lady Bracknell.

LADY BRACKNELL.—*(Ásperamente.)* Sé que hay varios errores en esas publicaciones.

JACK.—Los abogados de la familia de miss Cardew son los señores Markby, Markby y Markby.

LADY BRACKNELL.—¿Markby, Markby y Markby? Una firma de la más alta garantía en su profesión. Me han dicho que uno de los Markby ha sido visto a veces en los banquetes de sociedad. Estoy satisfecha.

JACK.—*(Muy irritado.)* ¡Qué amable es usted, lady Bracknell! También tengo en mi poder, si le agrada saberlo, el certificado de nacimiento de miss Cardew, los de bautismo, tos ferina, vacunación, confirmación y sarampión; todos en alemán y en inglés.

LADY BRACKNELL.—¡Ah! Una vida llena de incidentes, según veo; aunque quizá sea demasiado excitante para una mujer joven. No me gustan las experiencias prematuras. *(Se levanta, mira su reloj.)* ¡Gwendolen! Ha llegado el momento de marcharnos. No tenemos tiempo que perder. Por pura fórmula, míster Worthing, ¿tiene miss Cardew alguna fortuna?

JACK.—¡Oh! Unas ciento treinta mil libras en fondos públicos. Eso es todo. Adiós, lady Bracknell. Me alegro de haberla visto.

LADY BRACKNELL.—*(Sentándose otra vez.)* Un momento, míster Worthing. ¡Ciento treinta mil libras! ¡Y en fondos públicos! Miss Cardew me parece una muchacha muy atractiva, ahora que la miro bien. Pocas muchachas en el presente tienen cualidades realmente sólidas, cualidades de esas que perduran y que se pueden mejorar con el tiempo. Vivimos, siento decirlo, en una época de superficialidades. *(A Cecily.)* Venga aquí, querida. *(Cecily se acerca.)* ¡Bella muchacha! Sus vestidos son demasiado simples y su pelo demasiado natural. Pero eso podemos arreglarlo pronto. Una experimentada doncella francesa obtendrá un maravilloso resultado en un corto espacio de tiempo. Recuerdo que le recomendé una a la joven lady Lancing y a los tres meses no la conocía su marido.

JACK.—Y a los seis meses no la conocía nadie.

LADY BRACKNELL.—*(Mira a Jack con irritación unos instantes. Después sonríe estudiadamente a Cecily.)* Sea usted tan amable de volverse, querida niña. *(Cecily da una vuelta completa.)* No, el perfil es lo que quiero ver. *(Cecily se pone de perfil.)* Sí, exactamente como yo esperaba. Hay distintas posibilidades sociales en su perfil. Los dos puntos flacos de nuestra época son su carencia de principios y su carencia de perfil. La barbilla un poco más alta, querida. El estilo depende de la forma en que se lleve la barbilla. Ahora se lleva muy alta. ¡Algernon!

ALGERNON.—¡Sí, tía Augusta!

LADY BRACKNELL.—Hay distintas posibilidades sociales en el perfil de miss Cardew.

ALGERNON.—Cecily es la más dulce, la más bella, la más maravillosa muchacha del mundo entero. Y me importan un comino las posibilidades sociales.

LADY BRACKNELL.—Nunca hables irrespetuosamente de la sociedad, Algernon. Solo la gente que no puede formar parte de ella lo hace. *(A Cecily.)* Querida niña, naturalmente sabrá usted que Algernon no tiene más que deudas. Pero yo no apruebo los matrimonios interesados. Cuando me casé con lord Bracknell yo no tenía fortuna de ninguna clase, pero no soñé ni por un momento en permitir que esto fuera un obstáculo en mi camino. Bien, supongo que debo dar mi consentimiento.

ALGERNON.—Gracias, tía Augusta.

LADY BRACKNELL.—¡Cecily, puede besarme!

CECILY.—*(La besa.)* Gracias, lady Bracknell.

LADY BRACKNELL.—Para el futuro puedes llamarme tía Augusta.

CECILY.—Gracias, tía Augusta.

LADY BRACKNELL.—Creo que lo mejor sería que el matrimonio se celebrara pronto.

ALGERNON.—Gracias, tía Augusta.

CECILY.—Gracias, tía Augusta.

LADY BRACKNELL.—Hablando francamente, no soy partidaria de las relaciones largas. Dan oportunidad a los novios de llegar a conocer sus caracteres, lo cual creo que no es aconsejable.

JACK.—Perdone que la interrumpa, lady Bracknell, pero de ese matrimonio no hay ni que hablar. Yo soy el tutor de miss Cardew y ella no puede casarse sin mi consentimiento hasta que no sea mayor de edad. Y me niego en absoluto a dar ese consentimiento.

LADY BRACKNELL.—¿Puedo saber por qué motivos? Algernon es un partido extremadamente, y casi puedo decir ostentosamente, aceptable. No tiene nada, pero parece que tiene mucho. ¿Qué más se puede desear?

JACK.—Me apena mucho tener que hablar francamente, lady Bracknell, acerca de su sobrino, pero el hecho es que yo no apruebo en absoluto su sentido moral. Sospecho que es un mentiroso. *(Algernon y Cecily le miran con indignado asombro.)*

LADY BRACKNELL.—¡Mentiroso! ¿Mi sobrino Algernon? ¡Imposible! Es un estudiante de Oxford.

JACK.—Temo que no haya duda posible sobre ese asunto. Esta tarde, durante mi estancia temporal en Londres para un importante asunto personal, penetró en mi casa haciéndose pasar por mi hermano. Bajo este nombre falso se ha bebido, según me ha informado el mayordomo, una botella entera de mi Pierres-Jonet, Brut del ochenta y nueve, un vino que yo guardaba especialmente para mí. Continuando su vergonzosa impostura, durante la tarde ha conseguido granjearse el cariño de mi única pupila. Después ha tomado el té, comiéndose todos los pasteles. Y lo que hace su conducta más vergonzosa aún es que él sabía que yo no tengo hermano, que nunca lo he tenido y que no pretendo tenerlo en absoluto. Yo mismo se lo dije así ayer por la tarde.

LADY BRACKNELL.—¡Ejem! Míster Worthing, después de cuidadosa consideración, he decidido no tener en cuenta la conducta de mi sobrino con usted.

JACK.—Es muy generoso por su parte, lady Bracknell. Mi decisión, sin embargo, es irrevocable. Me niego a dar mi consentimiento.

LADY BRACKNELL.—*(A Cecily.)* Venga aquí, querida. *(Cecily se acerca.)* ¿Cuántos años tiene?

CECILY.—Bueno, realmente tengo dieciocho, pero siempre digo que tengo veinte cuando voy a las fiestas.

LADY BRACKNELL.—Tiene usted perfecto derecho a

hacer, alguna ligera alteración. Realmente una mujer nunca debe decir su verdadera edad. Eso parece tan calculador... *(Con gesto pensativo.)* Dieciocho, pero diciendo que veinte en las fiestas... Bien, no falta mucho para que esté libre de las restricciones de la tutela. Así, pues, creo que el consentimiento de su tutor es, después de todo, una cosa sin importancia.

JACK.—Le ruego que me perdone, lady Bracknell, por interrumpirla otra vez, pero debo decirle que, de acuerdo con el testamento del abuelo de miss Cardew, ella no será mayor de edad hasta los treinta y cinco años.

LADY BRACKNELL.—Eso no me parece un problema importante. Treinta y cinco años es una edad muy atractiva. Londres está lleno de mujeres de alta alcurnia que tienen desde hace muchos años y por propia voluntad treinta y cinco años. Lady Dumbleton es un ejemplo de ello. Creo que tiene treinta y cinco desde que llegó a los cuarenta, lo cual fue hace muchos años. No veo razón para que nuestra querida Cecily no sea más atractiva a la edad que usted ha mencionado que ahora en el presente. Además sus bienes habrán aumentado mucho.

CECILY.—Algy, ¿podrá usted esperarme hasta que tenga treinta y cinco años?

ALGERNON.—Naturalmente que sí, Cecily. Usted sabe que podré.

CECILY.—Sí, lo sé instintivamente, pero yo no puedo esperar todo ese tiempo. Odio el esperar a alguien, aunque solo sea cinco minutos. Siempre me hace enfadarme. Sé que yo no soy puntual, pero me gusta la puntualidad en los demás, y por eso es imposible que yo pueda esperar, ni aunque sea para casarme.

ALGERNON.—Entonces ¿qué vamos a hacer, Cecily?

CECILY.—No lo sé, míster Moncrieff.

LADY BRACKNELL.—Mi querido míster Worthing, como miss Cardew sabe positivamente que no puede esperar hasta los treinta y cinco años, afirmación que a mí me parece que muestra un carácter bastante impaciente, le ruego a usted que vuelva a considerar su decisión.

JACK.—Pero, mi querida lady Bracknell, el asunto está enteramente en sus manos. En el momento en que usted consienta mi matrimonio con Gwendolen tendré sumo gusto en permitir el enlace de su sobrino con mi pupila.

LADY BRACKNELL.—*(Levantándose muy erguida.)* Debe darse perfecta cuenta de que su proposición está fuera de lugar.

JACK.—Entonces un celibato apasionado es lo que a todos nosotros nos espera.

LADY BRACKNELL.—Ese no es el destino que yo me he propuesto para Gwendolen. Algernon, naturalmente, puede elegir por sí mismo. *(Saca su reloj.)* Vamos, querida. *(Gwendolen se levanta.)* Hemos perdido ya cinco o seis trenes. Si perdemos algunos más podríamos exponernos a comentarios en el andén. *(Entra el doctor Chasuble.)*

CHASUBLE.—Está todo preparado para los bautizos.

LADY BRACKNELL.—¿Los bautizos, señor? ¿No es algo prematuro?

CHASUBLE.—*(Bastante asombrado y señalando a Jack y Algernon.)* Esos dos caballeros han expresado su deseo de recibir un bautismo inmediato.

LADY BRACKNELL.—¿A su edad? ¡La idea es grotesca e irreligiosa! Algernon, te prohibo que te bautices. No quiero ni oír hablar de tales excesos. Lord Bracknell se enfadaría mucho si supiera la forma en que gastas tu tiempo y tu dinero.

CHASUBLE.—¿Debo entender entonces que no habrá bautizos en toda la tarde?

JACK.—Tal y como ahora están las cosas no creo que tuviera mucho valor práctico para nosotros, doctor Chasuble.

CHASUBLE.—Me entristece ver que tiene usted esos sentimientos, míster Worthing. Se parecen a las ideas heréticas de los anabaptistas, ideas que yo he combatido en cuatro de mis sermones inéditos. Sin embargo, como su disposición de ánimo en este momento me parece peculiarmente profana, volveré a la iglesia inmediatamente. Realmente el sacristán me acaba de decir que hace hora y media que miss Prism me está esperando en la sacristía.

LADY BRACKNELL.—*(Estremeciéndose.)* ¡Miss Prism! ¿Le he oído mencionar a miss Prism?

CHASUBLE.—Sí, lady Bracknell. Ahora voy a reunirme con ella.

LADY BRACKNELL.—Le ruego que me permita entretenerlo un momento. Este asunto puede tener una importancia vital para lord Bracknell y para mí. ¿Esa miss Prism es una mujer de aspecto repelente, remotamente relacionada con la enseñanza?

CHASUBLE.—*(Algo indignado.)* Es la más cultivada de las mujeres y el vivo retrato de la respetabilidad.

LADY BRACKNELL.—Desde luego es la misma persona. ¿Puedo saber qué posición ocupa en su casa?

CHASUBLE.—*(Severamente.)* Soy soltero, señora.

JACK.—*(Interviniendo.)* Lady Bracknell, miss Prism ha sido durante los últimos tres años institutriz y gran amiga de miss Cardew.

LADY BRACKNELL.—A pesar de lo que oigo de ella debo verla inmediatamente. Manden a buscarla.

CHASUBLE.—*(Mirando hacia afuera.)* Aquí viene. Ya llega. *(Entra miss Prism muy de prisa.)*

MISS PRISM.—Me dijeron que me esperaba en la sacristía, querido canónigo. Le he aguardado a usted durante una hora y tres cuartos. *(Ve a lady Bracknell, que la observa fijamente con una mirada petrificadora. Miss Prism se pone pálida. Mira ansiosamente a su alrededor como en busca de escape.)*

LADY BRACKNELL.—*(Con voz severa como si fuera un juez. ¡Prism! (Miss Prism baja la cabeza avergonzada.)* ¡Venga aquí, Prism! *(Miss Prism se acerca con aire humillado.)* ¡Prism! ¿Dónde está el niño? *(Consternación general. El canónigo retrocede horrorizado. Algernon y Jack fingen *querer impedir que Cecily y Gwendolen oigan los detalles de un terrible escándalo público.)* Hace veintiocho años, Prism, dejó usted la casa de lord Bracknell en Uper Grosvenor Street, número ciento cuatro, llevando a su cuidado un niño varón en un cochecito de ruedas. Nunca volvió. Unas semanas más tarde, gracias a las investigaciones de la policía metropolitana, el cochecito fue descubierto a medianoche en un escondido rincón de Bayswater. Contenía el manuscrito de una novela en tres tomos de un sentimentalismo más marcado de lo corriente. *(Miss Prism se estremece presa de involuntaria indignación.)* Pero el niño no estaba allí. *(Todos miran a miss Prism.)* ¡Prism! ¿Dónde está el niño? *(Una pausa.)*

MISS PRISM.—Lady Bracknell, admito avergonzada que no lo sé. ¡Qué más quisiera yo! Lo ocurrido fue esto: por la mañana del día que ha mencionado usted, un día que quedó grabado para siempre en mi memoria, me preparé a llevar, como era mi costumbre, al niño en el cochecito. También llevé conmigo un viejo y grande saco de mano en el que creí meter el manuscrito de una novela que escribí en mis horas libres. En un momento de abstracción mental, el cual no me perdonaré nunca, puse la novela en el cochecito y el niño en el saco de mano.

JACK.—*(Que ha estado escuchando atentamente.)* Pero ¿dónde depositó usted el saco de mano?

MISS PRISM.—No me pregunte eso, míster Worthing.

JACK.—Miss Prism, este es un asunto de gran importancia para mí. Insisto en saber dónde depositó usted el saco de mano que contenía el niño.

MISS PRISM.—Lo dejé en el guardarropa de una de las más grandes estaciones de ferrocarril de Londres.

JACK.—¿Qué estación?

MISS PRISM.—*(Con gran desolación.)* En Victoria. Línea de Brighton. *(Se derrumba en una silla.)*

JACK.—Debo retirarme un momento a mi habitación. Gwendolen, espéreme aquí.

GWENDOLEN.—Si no tarda mucho, le esperaré aquí toda mi vida. *(Se va Jack muy excitado.)*

CHASUBLE.—¿Qué cree usted que significa esto, lady Bracknell?

LADY BRACKNELL.—No quiero imaginarlo, doctor Chasuble. No necesito decirle que en las familias de elevada posición no están bien vistas las coincidencias extrañas. *(Arriba se oyen ruidos, como si alguien estuviera tirando objetos. Todos miran al techo.)*

CECILY.—El tío Jack parece extremadamente agitado.

CHASUBLE.—Su tutor tiene un carácter muy vivo.

LADY BRACKNELL.—Este ruido es muy desagradable. Parece como si hubiera encontrado un argumento. No me gustan los argumentos, sean de la clase que sean. Siempre son vulgares, y la mayoría de las veces, convincentes.

CHASUBLE.—*(Mirando hacia arriba.)* Ahora se ha detenido. *(Ha dejado de oírse el ruido.)*

LADY BRACKNELL.—Me gustaría que hubiese llegado a alguna conclusión.

GWENDOLEN.—Esta incertidumbre es terrible. Espero que terminará. *(Entra Jack trayendo un saco de mano de cuero negro.)*

JACK.—*(Abalanzándose hacia miss Prism.)* ¿Es este el saco de mano, miss Prism? Examínelo cuidadosamente antes de hablar. La felicidad de más de una vida depende de su respuesta.

MISS PRISM.—*(Calmosamente.)* Parece ser el mío. Sí, aquí está la rozadura que sufrió al volcar un ómnibus en Gower Street en días jóvenes y felices. Aquí está la mancha que causó la explosión de un termo, accidente que ocurrió en Leamington. Y aquí, en el cierre, están mis iniciales. Había olvidado que tuve el capricho de grabarlas. El saco es sin duda el mío. Me alegro de haberlo recuperado tan inesperadamente. Su pérdida ha sido un gran inconveniente durante todos estos años.

JACK.—*(Con voz patética.)* Miss Prism, ha recuperado

algo más que ese saco de mano. Yo era el niño que usted metió en él.

MISS PRISM.—*(Asombrada.)* ¿Usted?

JACK.—¡Sí..., madre! *(La abraza.)*

MISS PRISM.—*(Retrocediendo con indignado asombro.)* ¡Míster Worthing, yo soy soltera!

JACK.—¡Soltera! No niego que es un serio golpe. Pero después de todo, ¿quién tiene derecho a arrojar una piedra contra el que ha sufrido? ¿No puede el arrepentimiento borrar un acto de locura? ¿Por qué tiene que haber una ley para los hombres y otra para las mujeres? Madre, yo te perdono. *(Intenta abrazarla otra vez.)*

MISS PRISM.—*(Aún más indignada.)* Míster Worthing, hay un error. *(Señalando a lady Bracknell.)* Allí está la mujer que puede decirle quién es usted realmente.

JACK.—*(Después de una pausa.)* Lady Bracknell, no me gusta ser curioso, pero ¿tendría usted la amabilidad de decirme quién soy?

LADY BRACKNELL.—Temo que las noticias que voy a darle no le agraden del todo. Usted es el hijo de mi pobre hermana, mistress Moncrieff, y como consecuencia hermano mayor de Algernon.

JACK.—¡Hermano mayor de Algy! Entonces, después de todo, tengo un hermano. ¡Sabía que tenía un hermano! ¡Siempre dije que tenía un hermano! Cecily..., ¿cómo pudiste dudar de que yo tenía un hermano? *(Coge la mano de Algernon.)* Doctor Chasuble, mi infortunado hermano. Miss Prism, mi infortunado hermano. Algy, joven sinvergüenza, tendrás que tratarme con más respeto en el futuro. Nunca me has tratado como a un hermano en toda tu vida.

ALGERNON.—Bueno, chico, hasta hoy admito que no. Lo hice lo mejor que pude; sin embargo, me faltaba práctica. *(Se estrechan las manos.)*

GWENDOLEN.—*(A Jack.)* ¡Cariño! Pero ¿quién es usted? ¿Cuál es su nombre ahora que es otra persona?

JACK.—¡Cielo santo! Había olvidado por completo ese

punto. ¿Supongo que su decisión sobre el asunto de mi nombre es irrevocable?

GWENDOLEN.—Yo nunca cambio, excepto en mis afectos.

CECILY.—¡Qué carácter tan noble tiene usted, Gwendolen!

JACK.—Entonces la cuestión debe ser aclarada inmediatamente. Un momento, tía Augusta. Cuando miss Prism me dejó en el saco de mano, ¿había sido ya bautizado?

LADY BRACKNELL.—Todo el lujo que el dinero puede comprar, incluido el bautismo, fue derrochado con usted por sus cariñosos padres.

JACK.—¡Entonces estaba ya bautizado! Eso está comprobado. Ahora ¿qué nombre me dieron? Dígamelo, aunque sea un golpe para mí.

LADY BRACKNELL.—Siendo el hijo mayor es natural que le bautizasen con el nombre de su padre.

JACK.—*(Irritado.)* Sí, pero ¿cuál era el nombre de mi padre?

LADY BRACKNELL.—*(Pensativamente.)* No puedo acordarme en este momento del nombre del general. Pero no hay duda de que tenía uno. Era un excéntrico, lo admito. Pero solo los últimos años. Eso fue a causa del clima de la India, del matrimonio, de una indigestión y de otras cosas por el estilo.

JACK.—¡Algy! ¿No puedes recordar cuál era el nombre de nuestro padre?

ALGERNON.—Chico, nunca hablamos ni una palabra. Murió cuando yo tenía un año.

JACK.—Su nombre supongo que aparecerá en los anuarios del ejército de la época, ¿verdad, tía Augusta?

LADY BRACKNELL.—El general era ante todo un hombre de paz, excepto en su vida doméstica. Pero no hay duda de que su nombre aparecerá en alguno de esos anuarios.

JACK.—Tengo aquí los de los últimos cuarenta años. Estos deliciosos libros debían haber sido objeto de mi constante estudio. *(Va hacia la librería y saca los libros.)* «M.» Generales... Mallan, Maxbohm, Magley... ¡Qué nombres tan horribles tienen!... Markby, Migsby, Mobbs, ¡Moncrieff! Teniente en mil ochocientos cuarenta, capitán, teniente coronel, coronel, general en mil ochocientos sesenta y nueve; nombre de pila, Ernest John. *(Pone el libro en el estante con mucha tranquilidad y habla calmosamente.)* Siempre se lo dije, Gwendolen: mi nombre es Ernest. Bueno, es Ernest, después de todo. Quiero decir que es Ernest, naturalmente.

LADY BRACKNELL.—Sí, ahora recuerdo que el general se llamaba Ernest. Sabía que tenía que haber una razón especial para que su nombre no me gustara.

GWENDOLEN.—¡Ernest! ¡Mi Ernest! ¡Sentí desde el primer momento que no podía tener otro nombre!

JACK.—Gwendolen, es una cosa terrible para un hombre saber de repente que en toda su vida no ha dicho más que la verdad. ¿Puedes perdonarme?

GWENDOLEN.—Puedo. Porque estoy segura de que cambiarás.

JACK.—¡Vida mía!

CHASUBLE.—*(A miss Prism.)* ¡Leticia! *(La abraza.)*

MISS PRISM.—*(Entusiasmada.)* ¡Frederick! ¡Al fin!

ALGERNON.—¡Cecily! *(La abraza.)* ¡Al fin!

JACK.—¡Gwendolen! *(La abraza.)* ¡Al fin!

LADY BRACKNELL.—Sobrino mío, me parece que empiezas a dar muestras de trivialidad.

JACK.—Al contrario, tía Augusta; me he dado cuenta por primera vez en mi vida de la vital importancia de ser formal.

TELÓN

FIN DE
«LA IMPORTANCIA DE LLAMARSE ERNESTO»

EL ABANICO DE
LADY WINDERMERE

PERSONAJES

LORD WINDERMERE.
LORD DARLINGTON.
LORD AUGUSTUS LORTON.
MR. CECIL GRAHAM.
MR. HOPPER.
PARKER, mayordomo.
LADY WINDERMERE.
LA DUQUESA DE BERWICK.
LADY AGATHA CARLISLE.
LADY PLYMDALE.
LADY STUTFIELD.
LADY JEDBURGH.
MRS. COWPER-COWPER.
MRS. ERLYNNE.
ROSALIE, doncella.

ACTO PRIMERO

Escena: una habitación de la casa de lord Windermere en Carlton House Terrace, en Londres. La acción de la obra dura unas veinticuatro horas, empezando un jueves por la tarde a las cinco y terminando al día siguiente a la una y media. Tiempo: el actual. Puertas a la derecha y en el centro. Escritorio con libros y papeles a la derecha. Un sofá con una pequeña mesa de té a la izquierda. Ventana abierta sobre una terraza a la izquierda. Mesa a la derecha. Lady Windermere está junto a la mesa colocando rosas en un jarrón azul.

PARKER.—*(Entra Parker.)* ¿Está en casa la señora esta tarde?
LADY WINDERMERE.—Sí... ¿Quién ha llamado?
PARKER.—Lord Darlington, señora.
LADY WINDERMERE.—*(Duda un instante.)* Dígale que pase... Y estoy en casa para todo el que venga.
PARKER.—Sí, señora. *(Se va por el centro.)*
LADY WINDERMERE.—Es mejor que le vea antes de esta noche. Me alegro de que haya venido. *(Entra Parker por el centro.)*
PARKER.—Lord Darlington. *(Entra lord Darlington por el centro. Sale Parker.)*
LORD DARLINGTON.—¿Cómo está usted, lady Windermere?
LADY WINDERMERE.—¿Cómo está usted, lord Darlington? No, no puedo estrecharle la mano. Mis manos están mo-

jadas de tocar aquellas rosas. ¿No son bonitas? Han llegado de Selby esta mañana.

LORD DARLINGTON.—Son perfectas. *(Ve un abanico sobre la mesa.)* ¡Y qué maravilloso abanico! ¿Puedo verlo?

LADY WINDERMERE.—Hágalo. Bonito, ¿verdad? Tiene grabado mi nombre y todo. Yo acabo de verlo. Es el regalo de cumpleaños de mi marido. ¿No sabe usted que hoy es mi cumpleaños?

LORD DARLINGTON.—¿Sí? ¿Es cierto?

LADY WINDERMERE.—Sí, hoy es mi mayoría de edad. Un día muy importante en mi vida, ¿verdad? Por eso voy a dar la fiesta esta noche. Siéntese. *(Continúa arreglando las flores.)*

LORD DARLINGTON.—*(Sentándose.)* Me hubiera gustado saber que era su cumpleaños, lady Windermere. Hubiera cubierto de flores la calle frente a su casa para que usted las pisara. Las flores están hechas para usted. *(Una pausa corta.)*

LADY WINDERMERE.—Lord Darlington, usted me molestó anoche en el Foreign Office. Temo que va usted a molestarme otra vez.

LORD DARLINGTON.—¿Yo, lady Windermere? *(Entran Parker y un criado por el centro llevando un servicio de té sobre una bandeja.)*

LADY WINDERMERE.—Póngalo allí, Parker. Está bien. *(Se seca las manos con su pañuelo, va hacia la mesa del té, a la izquierda, y se sienta.)* ¿No quiere usted sentarse, lord Darlington? *(Sale Parker por el centro.)*

LORD DARLINGTON.—*(Coge una silla y va hacia la mesa.)* Soy un miserable, lady Windermere. Debe decirme lo que hice. *(Se sienta junto a la mesa.)*

LADY WINDERMERE.—Bien; estuvo usted diciéndome cumplidos toda la noche.

LORD DARLINGTON.—*(Sonriendo.)* ¡Ah! Hoy día estamos tan faltos de todo que las únicas cosas agradables son los cumplidos. Son las únicas cosas que se pueden ofrecer.

LADY WINDERMERE.—*(Moviendo la cabeza.)* No; estoy

hablando muy seriamente. No debe reírse. La cosa es seria. No me gustan los cumplidos, y no comprendo por qué los hombres creen agradar enormemente a una mujer cuando la dicen una serie de cosas que en realidad no creen.

LORD DARLINGTON.—¡Ah! Pero yo sí las creo. *(Coge la taza de té que ella le ofrece.)*

LADY WINDERMERE.—*(En tono serio.)* Espero que no. Sentiría mucho reñir con usted, lord Darlington. Me gusta usted mucho, ya lo sabe. Pero no me gustaría si pensara que es como los demás hombres. Créame, es usted mejor que la mayoría, y a veces creo que pretende ser peor.

LORD DARLINGTON.—Todos tenemos nuestras pequeñas vanidades, lady Windermere.

LADY WINDERMERE.—¿Por qué hace esa especialmente suya? *(Aún está sentada junto a la mesa.)*

LORD DARLINGTON.—*(También sentado.)* ¡Oh! Hoy día hay tanta gente en la sociedad que pretende ser buena, que creo que casi es pecar de modesto el pretender ser malo. Además, hay que decir eso. Si pretendemos ser buenos, el mundo nos toma muy en serio. Si pretendemos ser malos, no. Así es la asombrosa estupidez del optimismo.

LADY WINDERMERE.—¿Usted no quiere que el mundo le tome en serio, lord Darlington?

LORD DARLINGTON.—No; el mundo, no. ¿Quiénes son las personas a las que el mundo toma en serio? A las aburridas, de los obispos para abajo. Pero me gustaría que usted me tomase en serio, lady Windermere; usted más que nadie en todo el mundo.

LADY WINDERMERE.—¿Yo?... ¿Por qué yo?

LORD DARLINGTON.—*(Después de una ligera vacilación.)* Porque creo que podríamos ser grandes amigos. Debemos ser grandes amigos. Puede usted necesitar un amigo algún día.

LADY WINDERMERE.—¿Por qué dice usted eso?

LORD DARLINGTON.—¡Oh!... A veces necesitamos amigos.

LADY WINDERMERE.—Creo que nosotros somos muy

buenos amigos ya, lord Darlington. Siempre podemos seguir así, mientras usted no...

LORD DARLINGTON.—¿No, qué?

LADY WINDERMERE.—No lo estropee diciéndome cosas tontas y extravagantes. ¿Cree usted que soy una puritana? Bueno; tengo en mí algo de puritana. Fui educada así. Estoy contenta de ello. Mi madre murió cuando yo no era más que una niña. Viví siempre con lady Julia, hermana mayor de mi madre, como sabe usted. Era severa conmigo, pero me enseñó lo que el mundo está olvidando: la diferencia que hay entre lo que está bien y lo que está mal.

LORD DARLINGTON.—¡Mi querida lady Windermere!

LADY WINDERMERE.—*(Recostándose en el sofá.)* Me mira como si fuera de otra época. Bueno, ¡pues lo soy! Lamentaría estar al nivel de una época como esta.

LORD DARLINGTON.—¿Cree usted que esta época es mala?

LADY WINDERMERE.—Sí. Hoy día la gente ve la vida como una forma de especulación. Y no es una especulación. Es un sacramento. Su ideal es el amor. Su purificación es el sacrificio.

LORD DARLINGTON.—*(Sonriendo.)* ¡Oh! ¡Cualquier cosa es mejor que ser sacrificado!

LADY WINDERMERE.—*(Adelantándose.)* No diga eso.

LORD DARLINGTON.—Lo digo. Lo siento... Lo sé. *(Entra Parker por el centro.)*

PARKER.—Esos hombres quieren saber si deben poner las alfombras en la terraza para esta noche, señora.

LADY WINDERMERE.—¿Cree usted que lloverá, lord Darlington?

LORD DARLINGTON.—No quiero oír hablar de lluvia el día de su cumpleaños.

LADY WINDERMERE.—Dígales que las pongan al momento, Parker. *(Sale Parker por el centro.)*

LORD DARLINGTON.—*(Todavía sentado.)* Entonces ¿cree usted..., desde luego pongo un ejemplo imaginario..., que en el caso de un joven matrimonio, dos personas que llevan casadas unos dos años, si el marido se hace de repente íntimo amigo de una mujer de... bueno, de dudosa reputación, está siempre con ella, come con ella y probablemente paga sus facturas, cree que la mujer no debería también consolarse?

LADY WINDERMERE.—*(Frunciendo el ceño.)* ¿Consolarse?

LORD DARLINGTON.—Sí; yo creo que debería hacerlo. Creo que está en su derecho.

LADY WINDERMERE.—¿Porque el marido es vil..., la mujer debe serlo también?

LORD DARLINGTON.—Vileza es una palabra terrible, lady Windermere.

LADY WINDERMERE.—Es una cosa terrible, lord Darlington.

LORD DARLINGTON.—¿Sabe usted que creo que la gente buena hace mucho mal en este mundo? Lo peor que hacen es considerar muy importante la maldad. Es absurdo dividir a las personas en buenas y malas. La gente es encantadora o aburrida. Yo estoy al lado de la encantadora, y usted, lady Windermere, no puede menos de estarlo también.

LADY WINDERMERE.—*(Levantándose y cruzando hacia la derecha por enfrente de él.)* No se mueva; solo voy a terminar de arreglar mis flores. *(Va hacia la mesa de la derecha.)*

LORD DARLINGTON.—*(Levantándose y apartando la silla.)* Y debo decirle que creo que es usted muy dura con la vida moderna, lady Windermere. Desde luego admito que hay muchas cosas que oponerle. Por ejemplo, hoy día la mayoría de las mujeres son bastante venales.

LADY WINDERMERE.—No hable de esas personas.

LORD DARLINGTON.—Bien, entonces, dejando a un lado a la gente venal, que, desde luego, es horrorosa, ¿cree usted seriamente que la mujer que ha cometido lo que el mundo llama una falta nunca debe ser perdonada?

LADY WINDERMERE.—Nunca debe ser perdonada.

LORD DARLINGTON.—¿Y los hombres? ¿Cree usted que

debe haber las mismas leyes para los hombres que para las mujeres?

LADY WINDERMERE.—¡Naturalmente!

LORD DARLINGTON.—Creo que la vida es demasiado compleja para ser regida por unas reglas tan duras y fijas.

LADY WINDERMERE.—Si tuviéramos unas reglas duras y fijas encontraríamos la vida mucho más simple.

LORD DARLINGTON.—¿No admite excepciones?

LADY WINDERMERE.—Ninguna.

LORD DARLINGTON.—¡Ahá! ¡Qué fascinante puritana es usted, lady Windermere!

LADY WINDERMERE.—El adjetivo era innecesario, lord Darlington.

LORD DARLINGTON.—No he podido evitarlo. Puedo resistir a todo excepto a la tentación.

LADY WINDERMERE.—Posee usted la afectación moderna de la debilidad.

LORD DARLINGTON.—*(Mirándola.)* Es solamente una afectación, lady Windermere. *(Entra Parker por el centro.)*

PARKER.—La duquesa de Berwick y lady Agatha Carlisle. *(Entran la duquesa de Berwick y lady Agatha Carlisle por el centro. Sale Parker.)*

DUQUESA DE BERWICK.—*(Entrando y estrechando la mano de lady Windermere.)* Querida Margaret, me alegro de verla. Recuerda a Agatha, ¿verdad? *(Yendo hacia la izquierda.)* ¿Cómo está usted, lord Darlington? No quiero que conozca a mi hija; es usted demasiado malo.

LORD DARLINGTON.—No diga eso, duquesa. Como hombre malo soy un completo fracaso. Hay mucha gente que dice que nunca he hecho nada realmente malo en mi vida. Naturalmente solo lo dicen a mis espaldas.

DUQUESA DE BERWICK.—¿No es terrible? Agatha, este es lord Darlington. No creas una sola palabra. de lo que dice. (Lord Darlington va hacia la derecha.) No, no quiero té; gracias, querida. *(Se sienta en el sofá.)* Acabamos de tomar el té en casa de lady Markby. Es un té malísimo. Era intomable. No me sorprende. Se lo suministra su propio yerno. Agatha espera con impaciencia su baile de esta noche, Margaret.

LADY WINDERMERE.—*(Sentándose a la izquierda.)* ¡Oh! No crea que va a ser un baile, duquesa. Solo una fiesta para celebrar mi cumpleaños. Una fiesta pequeña y corta.

LORD DARLINGTON.—*(En pie, a la izquierda.)* Muy pequeña, muy corta y muy selecta, duquesa.

DUQUESA DE BERWICK.—Naturalmente que será selecta. Eso ya se sabe, querida Margaret. Esta es realmente una de las pocas casas de Londres donde puedo traer a Agatha y donde me siento completamente segura con respecto a Berwick. No sé adónde va a llegar la sociedad. A todas partes van las personas más horribles. Vienen a mis fiestas; los hombres se ponen furiosos si no las invito. Realmente alguien debería alzarse contra esto.

LADY WINDERMERE.—Yo lo hago, duquesa. No admito en mi casa a quien ha tenido algún escándalo.

LORD DARLINGTON.—¡Oh! No diga eso, lady Windermere. ¡A mí no me admitiría nunca! *(Se sienta.)*

DUQUESA DE BERWICK.—¡Oh! Los hombres no importan. Con las mujeres es diferente. Nosotras somos buenas. Al menos algunas. Pero, desde luego, nos arrinconan. Nuestros maridos olvidarían nuestra existencia si de cuando en cuando no les mortificásemos para recordarles que tenemos un derecho perfectamente legal para hacerlo.

LORD DARLINGTON.—Es curioso, duquesa, el juego del matrimonio..., un juego, a propósito, que se está pasando de moda; las esposas tienen las mejores cartas, pero invariablemente pierden la baza más importante.

DUQUESA DE BERWICK.—¿La baza más importante? ¿Se refiere al marido, lord Darlington?

LORD DARLINGTON.—Eso sería un nombre demasiado bueno para el marido moderno.

DUQUESA DE BERWICK.—Querido lord Darlington, ¡qué terriblemente depravado es usted!

LADY WINDERMERE.—Lord Darlington es un frívolo.

LORD DARLINGTON.—¡Oh! No diga eso, lady Windermere.

LADY WINDERMERE.—Entonces ¿por qué habla tan frívolamente de la vida?

LORD DARLINGTON.—Porque creo que la vida es una cosa demasiado importante para hablar seriamente de ella. *(Se levanta y va hacia el centro.)*

DUQUESA DE BERWICK.—¿Qué quiere decir? En honor a mi poca inteligencia, lord Darlington, explíqueme lo que realmente ha querido decir.

LORD DARLINGTON.—*(Situándose tras la mesa.)* Creo que será mejor que no lo haga, duquesa. Hoy día ser inteligente es dejarse coger. ¡Adiós! *(Estrecha la mano de la duquesa.)* Y ahora, adiós, lady Windermere. Podré venir esta noche, ¿verdad? Déjeme venir.

LADY WINDERMERE.—*(Levantándose.)* Sí, naturalmente. Pero no diga tonterías ni cosas insinceras a la gente.

LORD DARLINGTON.—*(Sonriendo.)* ¡Ah! Está usted empezando a reformarme. Es una cosa peligrosa reformar a alguien, lady Windermere. *(Se inclina y sale por el centro.)*

DUQUESA DE BERWICK.—*(Se ha levantado y va hacia el centro.)* ¡Qué criatura tan mala y tan encantadora! Me gusta muchísimo. ¡Me alegro de que se haya ido! ¡Qué bonita está usted! ¿Dónde manda hacer sus vestidos? Y ahora debo decirle cuánto lo siento por usted, querida Margaret. *(Va hacia el sofá y se sienta con lady Windermere.)* ¡Agatha, querida!

LADY AGATHA.—Sí, mamá. *(Se levanta.)*

DUQUESA DE BERWICK.—¿Quieres ir a mirar ese álbum de fotografías que hay allí?

LADY AGATHA.—Sí, mamá. *(Va hacia la mesa de la izquierda.)*

DUQUESA DE BERWICK.—¡Niña querida! Le gustan mucho las fotografías de Suiza. Creo que es un gusto inocente. Pero de verdad que lo siento por usted, Margaret.

LADY WINDERMERE.—*(Sonriendo.)* ¿Por qué, duquesa?

DUQUESA DE BERWICK.—¡Oh! A causa de esa horrible mujer. Se viste muy bien, demasiado, lo cual es mucho peor, pues da un ejemplo horrible, Augustus..., ya conoce a mi desacreditado hermano, una verdadera pesadilla para todos nosotros..., bien, pues Augustus está completamente enamorado de ella. Es un gran escándalo, pues ella es completamente inadmisible en sociedad. Muchas mujeres tienen un pasado, pero me han dicho que esta tiene al menos una docena, y todos demasiado interesantes.

LADY WINDERMERE.—¿De quién está usted hablando, duquesa?

DUQUESA DE BERWICK.—De mistress Erlynne.

LADY WINDERMERE.—¿Mistress Erlynne? Nunca he oído hablar de ella, duquesa. ¿Y qué tiene que ver conmigo?

DUQUESA DE BERWICK.—¡Pobre niña mía! ¡Agatha, querida!

LADY AGATHA.—Sí, mamá.

DUQUESA DE BERWICK.—¿Quieres salir a la terraza para ver la puesta del sol?

LADY AGATHA.—Sí, mamá. *(Sale por el ventanal de la izquierda.)*

DUQUESA DE BERWICK.—¡Qué hija tan buena! ¡Tan devota de las puestas del sol! Demuestra un gran refinamiento y una gran sensibilidad, ¿verdad? Después de todo, no hay nada como la naturaleza, ¿no es cierto?

LADY WINDERMERE.—Pero ¿qué ocurre, duquesa? ¿Por qué me habla de esa persona?

DUQUESA DE BERWICK.—¿De verdad que no lo sabe? Le aseguro que nosotros estamos muy disgustados por eso. Precisamente anoche, en casa de lady Jansen, todos hablaban de lo extraordinario que era que entre todos los hombres de Londres fuese lord Windermere el que se comportase de tal forma.

LADY WINDERMERE.—¿Mi marido?... ¿Qué tiene que ver con una mujer de esa clase?

DUQUESA DE BERWICK.—Ahí está; esa es la cuestión. Va a verla continuamente y está con ella varias horas, y mientras él está allí ella no está en casa para nadie. No es que vayan a visitarla muchas mujeres, querida, pero tiene gran cantidad de amigos desacreditados entre los hombres..., mi propio hermano en particular, como ya le he dicho..., y eso es lo que hace más horrible la forma de obrar de Windermere. Todos lo creíamos un marido modelo, pero temo que todo esto sea indudable. Mis queridas sobrinas..., ya conoce usted a las chicas de Saville, ¿verdad?..., unas criaturas de carácter marcadamente doméstico, feas, terriblemente feas, pero ¡tan buenas! Pues bien: siempre están en la ventana haciendo labores y confeccionando ropas horribles para los pobres, que creo que son muy útiles en estos tiempos socialistas, y esa terrible mujer ha cogido una casa exactamente frente a la suya, en Curzon Street, ¡una calle tan respetable! ¡No sé adónde vamos a ir a parar! Y me han dicho que Windermere va cuatro o cinco veces por semana, pues ellas lo ven. No pueden evitarlo, y aunque no les gusta hablar de escándalos..., bueno, naturalmente..., se lo han hecho notar a todo el mundo. Y lo peor de todo es que me han dicho que esta mujer obtiene grandes sumas de dinero de alguien, porque parece que vino a Londres hace seis meses sin un céntimo y ahora posee una encantadora casa en Mayfair y conduce sus caballos todas las tardes por el parque, y todo..., bueno, todo... desde que conoce al pobre y querido lord Windermere.

LADY WINDERMERE.—¡Oh! ¡No puedo creerlo!

DUQUESA DE BERWICK.—Pero es completamente cierto, querida. Todo Londres lo sabe. He creído que lo mejor era venir a decírselo y aconsejarla que se lleve a Windermere inmediatamente a Hamburgo o a Aix, donde él podrá entretenerse y donde usted podrá vigilarle todo el día. Le aseguro, querida, que en varias ocasiones, de recién casada, fingí estar muy enferma y me vi obligada a beber las más desagradables aguas minerales simplemente para que Berwick saliera de la ciudad. Era extremadamente susceptible. Aunque puedo decir que nunca le dio a nadie grandes sumas de dinero. ¡Tiene unos principios muy elevados para hacer eso!

LADY WINDERMERE.—*(Interrumpiéndola.)* ¡Duquesa, duquesa, eso es imposible! *(Levantándose y cruzando el escenario hacia el centro.)* Estamos casados desde hace solo dos años. Tenemos un hijo de seis meses. *(Se sienta en una silla junto a la mesa de la izquierda.)*

DUQUESA DE BERWICK.—¡Ah, el precioso niñito! ¿Cómo está el pequeñín? ¿Es un niño o una niña? Supongo que niña... ¡Ah, no! Recuerdo que es un niño. Lo siento. ¡Los niños son tan malos! Mi hijo es excesivamente inmoral. No puede usted imaginarse a qué horas vuelve a casa. Y ha dejado Oxford hace solo unos meses... Realmente no sé qué les enseñan allí.

LADY WINDERMERE.—¿Son malos todos los hombres?

DUQUESA DE BERWICK.—¡Oh! Todos, querida, todos sin excepción. Y nunca se hacen mejores. Los hombres se hacen viejos, pero nunca buenos.

LADY WINDERMERE.—Windermere y yo nos casamos por amor.

DUQUESA DE BERWICK.—Sí, nosotros empezamos así. Solo las brutales e incesantes amenazas de suicidio de Berwick me hicieron aceptarlo, y antes que transcurriera un año estaba corriendo detrás de toda clase de faldas, de todos los colores, formas y telas. Antes de que terminara la luna de miel le cogí flirteando con la doncella, una muchacha muy bonita y respetable. La despedí inmediatamente sin darle un certificado para cuando le pidieran informes. No, ahora recuerdo que se la traspasé a mi hermana; el pobre y querido sir George es tan corto de vista que pensé que no importaría. Pero importó..., y fue un asunto muy desafortunado. *(Se levanta.)* Y ahora, mi querida niña, debo irme; vamos a cenar fuera. Y no se preocupe por esta pequeña aberración de Windermere. Lléveselo al extranjero y volverá a usted enteramente.

LADY WINDERMERE.—¿Volver a mí?

DUQUESA DE BERWICK.—Sí, querida; esas mujeres malas nos quitan a nuestros maridos, pero ellos siempre vuelven, ligeramente estropeados, desde luego. ¡Y no le haga escenas! ¡Los hombres las odian!

LADY WINDERMERE.—Es usted muy amable, duquesa, viniendo a decirme todo eso. Pero no puedo creer que mi marido me esté engañando.

DUQUESA DE BERWICK.—¡Querida niña! A mí me pasó eso una vez. Ahora sé que todos los hombres son unos monstruos. *(Lady Windermere toca el timbre.)* Lo único que se puede hacer es dar bien de comer a esos infames. Un buen cocinero hace maravillas, y yo sé que usted lo tiene. Mi querida Margaret, ¿no irá usted a llorar?

LADY WINDERMERE.—No tema, duquesa, yo nunca lloro.

DUQUESA DE BERWICK.—Eso está bien, querida. El llanto es el refugio de las mujeres feas y la ruina de las bonitas. ¡Agatha, querida!

LADY AGATHA.—*(Entrando por la izquierda.)* Sí, mamá. *(Se coloca tras la mesa de la izquierda.)*

DUQUESA DE BERWICK.—Ven a decir adiós a lady Windermere y dale las gracias por su encantadora visita. Y a propósito, yo también debo darle las gracias por enviar una invitación a míster Hopper..., ese rico joven australiano del que la gente habla tanto ahora. Su padre hizo una gran fortuna vendiendo no sé qué clase de conservas..., muy buenas, según creo... Imagino que será una de esas cosas que los criados siempre se niegan a comer. Pero el hijo es muy interesante. Creo que le ha atraído la conversación inteligente de mi querida Agatha. Desde luego sentiría perderla, pero creo que una madre que no está separada de su hija todas las temporadas no la quiere de verdad. Vendremos esta noche, querida. *(Parker abre la puerta del centro.)* Y recuerde mi consejo: saque a su marido inmediatamente de la ciudad, eso es lo único que puede hacer. Adiós una vez más. Vamos, Agatha. *(Salen la duquesa y lady Agatha por el centro.)*

LADY WINDERMERE.—¡Qué horrible! Ahora comprendo lo que quería decir lord Darlington con su ejemplo imaginario del matrimonio que llevaba dos años de vida conyugal. ¡Oh! No puede ser cierto... Me ha hablado de grandes sumas de dinero entregadas a esa mujer. Sé dónde guarda Arthur su talonario de cheques..., en uno de los cajones de ese escritorio. Ahí puedo encontrarlo. Lo cogeré. *(Abre el cajón.)* No. Todo esto será un horrible error. *(Se levanta y va hacia el centro.)* ¡Unos estúpidos rumores! ¡Él me ama! ¡Él me ama! Pero ¿por qué no voy a mirarlo? Soy su esposa. ¡Tengo derecho a hacerlo! *(Vuelve al escritorio, saca el talonario y lo examina página por página, sonríe y lanza un suspiro de alivio.)* ¡Lo sabía! No hay una palabra de verdad en esa estúpida historia. *(Vuelve a poner el talonario en el cajón. Al hacerlo se estremece y saca otro talonario.)* ¡Un segundo talonario, privado y cerrado! *(Intenta abrirlo, pero no puede. Ve un cortaplumas sobre el escritorio y con él corta la cubierta del talonario. Empieza a examinar la primera página.)* "Mistress Erlynne, seiscientas libras... Mistress Erlynne, setecientas libras... Mistress Erlynne, cuatrocientas libras..." ¡Oh! ¡Es cierto! ¡Es cierto! ¡Qué horrible! *(Arroja el talonario al suelo. Entra lord Windermere por el centro.)*

LORD WINDERMERE.—Hola, querida. ¿Has recibido ya el abanico que te envié? *(Va hacia la derecha. Ve el talonario.)* Margaret, has abierto mi talonario de cheques. ¡No tenías derecho a hacer tal cosa!

LADY WINDERMERE.—No está bien que te haya descubierto, ¿verdad?

LORD WINDERMERE.—No está bien que una esposa espíe a su marido.

LADY WINDERMERE.—No te he espiado. No sabía la existencia de esa mujer hasta hace media hora. Alguien que se compadeció de mí me dijo lo que todo Londres sabía ya... Tus visitas diarias a Curzon Street, tu loca pasión. ¡Las monstruosas sumas de dinero que le has dado a esa mujer! *(Cruza hacia la izquierda.)*

LORD WINDERMERE.—¡Margaret! ¡No hables así de mistress Erlynne! ¡No sabes lo injusta que eres!

LADY WINDERMERE.—*(Volviéndose hacia él.)* Estás muy celoso del honor de mistress Erlynne. Me gustaría que estuvieses igual de celoso de mí.

LORD WINDERMERE.—Tu honor está intacto, Margaret. No habrás creído ni por un momento que... *(Vuelve a poner el talonario en el escritorio.)*

LADY WINDERMERE.—Creo que gastas extraordinariamente tu dinero. Eso es todo. ¡Oh! No pienses que me importa el dinero. Por mí puedes derrochar todo lo que tenemos. Lo que pienso es que tú, que me has amado y me has enseñado a amarte, puedas pasar del amor que se da al amor que se vende. ¡Oh! ¡Es horrible! *(Se sienta en el sofá.)* ¡Y me siento degradada! Tú no sientes nada. Yo me siento manchada, tremendamente manchada. No puedes darte cuenta de lo terribles que son para mí ahora estos últimos seis meses... Cada beso que me has dado, ahora me hiere profundamente.

LORD WINDERMERE.—*(Yendo hacia ella.)* No digas eso, Margaret. Nunca he amado a nadie en el mundo sino a ti.

LADY WINDERMERE.—*(Se levanta.)* Entonces ¿quién es esa mujer? ¿Por qué compraste una casa para ella?

LORD WINDERMERE.—Yo no he comprado una casa para ella.

LADY WINDERMERE.—Le diste el dinero para hacerlo, que es lo mismo.

LORD WINDERMERE.—Margaret, por todo lo que sé de mistress Erlynne...

LADY WINDERMERE.—¿Hay un míster Erlynne... o es un mito?

LORD WINDERMERE.—Su esposo murió hace muchos años. Ella está sola en el mundo.

LADY WINDERMERE.—¿No tiene parientes? *(Una pausa.)*
LORD WINDERMERE.—Ninguno.
LADY WINDERMERE.—Muy curioso, ¿verdad?

LORD WINDERMERE.—Margaret, te estaba diciendo, y te ruego que me escuches, que por todo lo que sé de mistress Erlynne, ella siempre se ha comportado bien. Si hace años...

LADY WINDERMERE.—¡Oh! *(Cruzando hacia la derecha.)* ¡No quiero saber detalles de su vida!

LORD WINDERMERE.—No voy a darte detalles de su vida. Te diré simplemente esto: mistress Erlynne tuvo una vez honores, amor y respeto. Era de noble cuna y tenía una posición. Lo perdió todo; lo derrochó, si tú quieres. Eso lo hace todo más amargo. Las desgracias, si vienen de fuera, pueden soportarse, pues son accidentes. Pero sufrir las propias faltas de uno... ¡Ah!... Eso es un martirio. Eso fue hace veinte años. Ella era poco más que una niña entonces. Estuvo casada menos tiempo del que tú llevas ahora.

LADY WINDERMERE.—No me interesa nada de eso, y no deberías mencionarnos juntas a esa mujer y a mí. Es una falta de gusto. *(Se sienta a la derecha, junto al escritorio.)*

LORD WINDERMERE.—Margaret, tú puedes salvar a esa mujer. Quiere volver a entrar en sociedad, y quiere que tú la ayudes. *(Va hacia ella.)*

LADY WINDERMERE.—¡Yo!

LORD WINDERMERE.—Sí, tú.

LADY WINDERMERE.—¡Qué insolencia! *(Una pausa.)*

LORD WINDERMERE.—Margaret, quiero pedirte un gran favor, y te lo pido a ti, aunque has descubierto lo que intenté que no supieras nunca: que le he dado a mistress Erlynne una gran cantidad de dinero. Quiero que tú le envíes una invitación para nuestra fiesta de esta noche. *(Permanece junto a ella.)*

LADY WINDERMERE.—¡Estás loco! *(Se levanta.)*

LORD WINDERMERE.—Te lo ruego. La gente puede murmurar de ella, pero solo murmurar; nadie sabe nada determinado contra ella. Ha estado en varias casas, no en casas donde irías tú, lo admito, pero sí en casas donde van las mujeres que forman parte de lo que hoy día se llama buena sociedad. Ella no está contenta con eso. Quiere que tú la recibas una vez.

LADY WINDERMERE.—¿Sería un triunfo para ella, supongo?

LORD WINDERMERE.—No; sino porque ella sabe que tú eres una mujer buena... y que si viene aquí una vez tendrá una posibilidad de poseer una vida más feliz y más segura de la que tiene. No hará esfuerzos por conocerte. ¿No quieres ayudar a una mujer que está intentando recobrarse?

LADY WINDERMERE.—¡No! Si una mujer se arrepiente de verdad, no desea volver a la sociedad que causó o vio su ruina.

LORD WINDERMERE.—Te lo ruego.

LADY WINDERMERE.—*(Yendo hacia la puerta de la derecha.)* Voy a vestirme para la cena y no vuelvas a mencionarme otra vez este asunto, Arthur... *(Va hacia él.)* Crees que porque no tengo padres estoy sola en el mundo y que puedes tratarme como se te antoje. Estás equivocado. Tengo amigos, muchos amigos.

LORD WINDERMERE.—Margaret, estás hablando irreflexivamente. No quiero discutir contigo, pero insisto en que invites a mistress Erlynne esta noche.

LADY WINDERMERE.—No haré nada de eso. *(Cruza hacia la izquierda.)*

LORD WINDERMERE.—¿Te niegas?

LADY WINDERMERE.—¡Rotundamente!

LORD WINDERMERE.—¡Ah! Margaret, hazlo por mí; es su última oportunidad.

LADY WINDERMERE.—¿Qué tiene eso que ver conmigo?

LORD WINDERMERE.—¡Qué duras sois las mujeres buenas!

LADY WINDERMERE.—¡Y qué débiles los hombres malos!

LORD WINDERMERE.—Margaret, ningún hombre es lo bastante bueno para la mujer con quien se casa... Eso es completamente cierto... Pero tú no habrás podido imaginar que... ¡Oh! ¡Esa insinuación es monstruosa!

LADY WINDERMERE.—¿Por qué ibas a ser tú diferente a los demás hombres? Me han dicho que apenas hay un marido en Londres que no consuma su vida en alguna pasión vergonzosa.

LORD WINDERMERE.—Yo no soy uno de ellos.

LADY WINDERMERE.—¡No estoy segura de eso!

LORD WINDERMERE.—Estás segura en tu corazón. Pero no pongamos barrera tras barrera entre nosotros. Dios sabe que estos últimos minutos nos han apartado ya suficiente. Siéntate y escribe la invitación.

LADY WINDERMERE.—Nada en el mundo me inducirá a hacerlo.

LORD WINDERMERE.—*(Yendo hacia el escritorio.)* ¡Entonces lo haré yo! *(Toca el timbre, se sienta y escribe.)*

LADY WINDERMERE.—¿Vas a invitar a esa mujer? *(Va hacia él.)*

LORD WINDERMERE.—Sí. *(Una pausa. Entra Parker.)* ¡Parker!

PARKER.—¿Señor? *(Se adelanta.)*

LORD WINDERMERE.—Lleve esta nota a mistress Erlynne; Curzon Street, ochenta y cuatro, A. *(Le entrega la nota a Parker.)* ¡No hay contestación! *(Sale Parker por el centro.)*

LADY WINDERMERE.—Arthur, si esa mujer viene aquí, la insultaré.

LORD WINDERMERE.—Margaret, no digas eso.

LADY WINDERMERE.—Lo haré.

LORD WINDERMERE.—Si haces eso, no habrá una mujer en Londres que no te compadezca.

LADY WINDERMERE.—No habrá una mujer buena en Londres que no me aplauda. Hemos aguantado mucho. Tenemos que dar un ejemplo. Me propongo empezar esta noche. *(Coge el abanico.)* Sí, tú me diste hoy este abanico; era tu regalo de cumpleaños. Si esa mujer atraviesa el umbral de mi casa, le cruzaré la cara con él.

LORD WINDERMERE.—Margaret, no puedes hacer tal cosa.

LADY WINDERMERE.—¡No me conoces! *(Va hacia la derecha. Entra Parker.)* ¡Parker!

PARKER.—¿Señora?

LADY WINDERMERE.—Cenaré en mi habitación. Mejor dicho, no cenaré hoy. Que todo esté dispuesto para las diez y media. Y, Parker, pronuncie esta noche muy claramente los nombres de los invitados. A veces habla usted tan de prisa que se equivoca. Tengo particular interés en oír los nombres muy bien; así que no corneta ningún error. ¿Entiende, Parker?

PARKER.—Sí, señora.

LADY WINDERMERE.—¡Está bien! *(Sale Parker.)* Arthur, si esa mujer viene aquí..., te aseguro...

LORD WINDERMERE.—¡Margaret, nos perderás!

LADY WINDERMERE.—¿Nos? Desde este momento mi vida está separada de la tuya. Pero si deseas evitar un escándalo público, ¡escribe otra vez a esa mujer y dile que yo le prohíbo venir aquí!

LORD WINDERMERE.—No lo haré... No puedo hacerlo... ¡Debe venir!

LADY WINDERMERE.—Entonces haré exactamente lo que he dicho. *(Va hacia la derecha.)* No me dejas elección. *(Sale por la derecha.)*

LORD WINDERMERE.—*(Llamándola.)* ¡Margaret! ¡Margaret! *(Una pausa.)* ¡Dios mío! ¿Qué puedo hacer? No me atrevo a decirle quién es realmente esa mujer. La vergüenza la mataría. *(Se derrumba en un sillón y esconde el rostro entre las manos.)*

TELÓN

ACTO SEGUNDO

Escena: salón de la casa de lord Windermere. Puerta abierta a la derecha que da al salón de baile, donde toca una orquesta. Puerta a la izquierda, por la cual entran los invitados. Otra puerta a la izquierda, al fondo, que desemboca a una terraza iluminada. Palmeras, flores y luces brillantes. La habitación está llena de invitados. Lady Windermere los recibe.

DUQUESA DE BERWICK.—*(Entrando por el centro.)* ¡Qué extraño que lord Windermere no esté aquí! Míster Hopper tarda demasiado. ¿Has reservado esos cinco bailes para él, Agatha?

LADY AGATHA.—Sí, mamá.

DUQUESA DE BERWICK.—*(Sentándose en el sofá.)* Déjame ver tu carnet. Me alegro de que lady Windermere haya revivido los carnets. Son la única salvaguardia de una madre. ¡Mi querida niña inocente! *(Tacha dos nombres.)* ¡Ninguna muchacha bonita bailaría con esos chicos tan jóvenes! ¡No estaría bien! Los últimos dos bailes puedes pasarlos en la terraza con míster Hopper. *(Entran míster Dumby y lady Plymdale del salón de baile.)*

LADY AGATHA.—Sí, mamá.

DUQUESA DE BERWICK.—*(Abanicándose.)* ¡El aire es tan agradable allí!

PARKER.—Mistress Cowper-Cowper. Lady Stutfield. Sir James Royston. Míster Guy Berkeley. *(Entran las personas anunciadas.)*

DUMBY.—Buenas noches, lady Stutfield. ¿Supongo que este será el último baile de la temporada?

LADY STUTFIELD.—Eso creo, míster Dumby. Ha sido una temporada deliciosa, ¿verdad?

DUMBY.—¡Deliciosa! Buenas noches, duquesa. ¿Supongo que este será el último baile de la temporada?

DUQUESA DE BERWICK.—Eso creo, míster Dumby. Ha sido una temporada muy aburrida, ¿verdad?

DUMBY.—¡Horriblemente aburrida! ¡Horriblemente aburrida!

MISTRESS COWPER-COWPER.—Buenas noches, míster Dumby. ¿Supongo que este será el último baile de la temporada?

DUMBY.—¡Oh! creo que no. Probablemente habrá dos más. *(Vuelve con lady Plymdale.)*

PARKER.—Míster Rufford. Lady Jedburgh y miss Graham. Míster Hopper. *(Entran las personas anunciadas.)*

HOPPER.—¿Cómo está usted, lady Windermere? ¿Cómo está usted, duquesa? *(Le hace una inclinación a lady Agatha.)*

DUQUESA DE BERWICK.—Querido míster Hopper, qué amable ha sido usted al venir tan temprano. Todos sabemos que tiene usted mucho que hacer en Londres.

HOPPER.—¡Gran ciudad Londres! Aquí la gente no es tan exclusivista como en Sydney.

DUQUESA DE BERWICK.—¡Ah! Conocemos su valía, míster Hopper. Desearíamos que hubiera muchos hombres como usted. Eso haría la vida mucho más fácil. ¿Sabe usted, míster Hopper, que la querida Agatha y yo estamos muy interesados por Australia? ¡Debe de ser tan bonita con todos esos queridos canguros saltando por doquier! Agatha la ha encontrado en el mapa. ¡Qué curiosa forma tiene! Parece una gran caja de embalar. Sin embargo, es un país muy joven, ¿no es cierto?

HOPPER.—¿No fue hecho al mismo tiempo que los demás, duquesa?

DUQUESA DE BERWICK.—¡Qué inteligente es usted, míster Hopper! Tiene usted una inteligencia personalísima. Y ahora, no le entretenemos más.

HOPPER.—Pero me gustaría bailar con lady Agatha, duquesa.

DUQUESA DE BERWICK.—Bueno; espero que tendrá algún baile libre. ¿Tienes algún baile libre, Agatha?

LADY AGATHA.—Sí, mamá.

DUQUESA DE BERWICK.—¿El siguiente?

LADY AGATHA.—Sí, mamá.

HOPPER.—¿Puedo tener el placer? *(Lady Agatha hace una inclinación.)*

DUQUESA DE BERWICK.—Cuide usted a mi pequeña charlatana, míster Hopper. *(Lady Agatha y míster Hopper entran en el salón de baile. Lord Windermere entra por la izquierda.)*

LORD WINDERMERE.—Margaret, quiero hablar contigo.

LADY WINDERMERE.—Espera un momento. *(La música se detiene.)*

PARKER.—Lord Augustus Lorton. *(Entra lord Augustus.)*

LORD AUGUSTUS.—Buenas noches, lady Windermere.

DUQUESA DE BERWICK.—Sir James, ¿quiere usted llevarme al salón de baile? Augustus ha estado cenando con nosotros esta noche. Realmente he tenido bastante del querido Augustus por el momento. *(Sir James Royston da su brazo a la duquesa y la acompaña al salón de baile.)*

PARKER.—Míster y mistress Arthur Bowden. Lord y lady Paisley. Lord Darlington. *(Entran las personas anunciadas.)*

LORD AUGUSTUS.—*(Acercándose a lord Windermere.)* Quiero hablar contigo privadamente, muchacho. Tengo una preocupación. Ya sé que no lo parece. Ningún hombre parece lo que realmente es. Eso es una buena cosa. Lo que yo quiero saber es esto: ¿quién es ella? ¿De dónde ha venido? ¿Por qué no tiene ningún maldito pariente? ¡Los tontos y malditos parientes! ¡Pero le dan a uno tanta respetabilidad!

LORD WINDERMERE.—¿Supongo que estás hablando de

mistress Erlynne? Solo la conozco hace seis meses. Antes ni siquiera conocía su existencia.

LORD AUGUSTUS.—Y desde entonces la has visto mucho.

LORD WINDERMERE.—*(Fríamente.)* Sí, la he visto mucho desde entonces. Acabo de verla ahora.

LORD AUGUSTUS.—¡Oh! Las mujeres le tienen manía. ¡Esta noche he cenado con Arabella! ¡Dios mío! Tenías que haber oído lo que dijo de mistress Erlynne. La puso que no había por dónde cogerla... *(Aparte.)* Berwick y yo le dijimos que eso no importaba mucho, ya que la dama en cuestión era extremadamente bonita. Tenías que haber visto la expresión de Arabella... Chico, no sé qué hacer con respecto a mistress Erlynne. ¡Oh! Parece que estuviésemos casados. ¡Me trata con tan endemoniada indiferencia! ¡Es demasiado inteligente! Lo explica todo. ¡Oh! Te explica a ti. Tiene un montón de explicaciones para ti..., y todas diferentes.

LORD WINDERMERE.—Mi amistad con mistress Erlynne no necesita explicaciones.

LORD AUGUSTUS.—¡Ejem! Bien; mira, chico: ¿crees que podrá entrar en esta cosa llamada sociedad? ¿Se la presentarías a tu mujer? Di la verdad. ¿Tú lo harías?

LORD WINDERMERE.—Mistress Erlynne va a venir aquí esta noche.

LORD AUGUSTUS.—¿Tu esposa le ha enviado una invitación?

LORD WINDERMERE.—Mistress Erlynne ha recibido una invitación.

LORD AUGUSTUS.—Entonces es buena, muchacho. Pero ¿por qué no me lo dijiste antes? Me hubieras evitado un montón de preocupaciones y de endiablados equívocos. *(Lady Agatha y míster Hopper pasan y salen a la terraza.)*

PARKER.—¡Míster Cecil Graham! *(Entra míster Cecil Graham.)*

CECIL GRAHAM.—*(Se inclina ante lady Windermere, se dirige hacia lord Windermere y le estrecha la mano.)* Buenas noches, Arthur. ¿Por qué no me preguntas cómo estoy? Me gusta que la gente me pregunte cómo estoy. Eso demuestra un gran interés por mi salud. Pues bien: esta noche no estoy del todo bien. He estado cenando con mi familia. Me pregunto por qué la familia de uno ha de ser siempre tan aburrida. Mi padre se puso a hablar de moralidad después de la cena. Le dije que tenía la edad suficiente como para saber mejores cosas. A mi entender, la gente que es lo suficientemente vieja para saber lo mejor, no sabe absolutamente nada. ¡Hola, Tuppy! He oído que te ibas a casar otra vez; creí que ya te habías cansado de ese juego.

LORD AUGUSTUS.—¡Eres excesivamente frívolo, querido amigo, excesivamente frívolo!

CECIL GRAHAM.—A propósito, Tuppy, ¿qué es lo cierto? ¿Has estado casado dos veces y divorciado una, o divorciado dos y casado una? Yo digo que dos veces divorciado y una vez casado. Me parece lo más probable.

LORD AUGUSTUS.—Tengo muy mala memoria. No lo recuerdo. *(Se va hacia la derecha.)*

LORD PLYMDALE.—Lord Windermere, tengo algo muy personal que preguntarle.

LORD WINDERMERE.—Excúseme ahora... Tengo que reunirme con mi esposa.

LORD PLYMDALE.—¡Oh! No debe hacer tal cosa. Hoy día es peligroso poner atención en público en la esposa de uno. Eso siempre hace que la gente crea que el marido le pega cuando están solos. El mundo es muy suspicaz en todo lo que se refiere a lo que parece una vida matrimonial feliz. Pero ya hablaré con usted después. *(Se va hacia el salón de baile.)*

LORD WINDERMERE.—¡Margaret! Debo hablar contigo.

LADY WINDERMERE.—¿Quiere usted tenerme el abanico, lord Darlington? Gracias. *(Va hacia él.)*

LORD WINDERMERE.—*(Dirigiéndose a ella.)* Margaret, ¿lo que dijiste antes de la cena era, naturalmente, imposible?

LADY WINDERMERE.—Esa mujer no vendrá aquí esta noche.

LORD WINDERMERE.—Mistress Erlynne va a venir aquí, y si la molestas o la ofendes, traerás la vergüenza y el dolor sobre nosotros. ¡Recuerda eso! ¡Ah, Margaret, confía en mí solamente! ¡Una esposa debe confiar en su marido!

LADY WINDERMERE.—Londres está lleno de mujeres que confían en sus maridos. Siempre se las puede reconocer. Tienen un aspecto terriblemente desgraciado. Yo no voy a ser una de ellas. *(Se separa de él.)* Lord Darlington, ¿quiere usted darme mi abanico, por favor? Gracias... Una cosa muy útil el abanico, ¿verdad?... Esta noche necesito un amigo, lord Darlington; no sabía que iba a necesitar uno tan pronto.

LORD DARLINGTON.—¡Lady Windermere! Sabía que esto iba a llegar algún día. Pero ¿por qué esta noche?

LORD WINDERMERE.—Se lo diré. Debo hacerlo. Sería terrible que hubiera algún escándalo. Margaret...

PARKER.—¡Mistress Erlynne! *(Lord Windermere se estremece. Mistress Erlynne entra muy bella y muy digna. Lady Windermere aprieta su abanico y después lo deja caer al suelo. Se inclina fríamente ante mistress Erlynne, que le devuelve el saludo con gesto amable, entrando después en el salón.)*

LORD DARLINGTON.—Se le ha caído su abanico, lady Windermere. *(Lo recoge y se lo da.)*

MISTRESS ERLYNNE

¿Cómo está usted, lord Windermere? ¡Qué encantadora está su amable esposa! ¡Todo un cuadro!

LORD WINDERMERE.—*(En voz baja.)* Ha cometido una imprudencia al venir.

MISTRESS ERLYNNE.—*(Sonriendo.)* Es la cosa más sabia que he hecho en mi vida. Y, a propósito, debe usted poner mucha atención en mí esta noche. Temo a las mujeres. Debe usted presentarme a algunas de ellas. A los hombres siempre puedo manejarlos. ¿Cómo está usted, lord Augustus? Últimamente no se ha preocupado nada de mí. No le veo desde ayer. Temo que me es usted infiel. Todos me lo dicen.

LORD AUGUSTUS.—Realmente, mistress Erlynne, permítame que le explique...

MISTRESS ERLYNNE.—No, querido lord Augustus, usted no puede explicar nada. Ese es su principal encanto.

LORD AUGUSTUS.—¡Ah! Si encuentra encantos en mí, mistress Erlynne... *(Conversan juntos. Lord Windermere se mueve por la habitación observando a mistress Erlynne.)*

LORD DARLINGTON.—*(A lady Windermere.)* ¡Qué pálida está usted!

LADY WINDERMERE.—¡Los cobardes siempre están pálidos!

LORD DARLINGTON.—Parece que está usted mareada. Salgamos a la terraza.

LADY WINDERMERE.—Sí. *(A Parker.)* Parker, tráigame mi capa.

MISTRESS ERLYNNE.—*(Yendo hacia ella.)* Lady Windermere, su terraza está maravillosamente iluminada. Me recuerda la del príncipe Doria, en Roma. *(Lady Windermere se inclina fríamente y sale con lord Darlington.)* ¡Oh! ¿Cómo está usted, míster Graham? ¿No es esa su tía, lady Jedburgh? Me gustaría mucho conocerla.

CECIL GRAHAM.—*(Después de un momento de vacilación y embarazo.)* ¡Oh! Ciertamente, si usted quiere. Tía Caroline, permíteme que te presente a mistress Erlynne.

MISTRESS ERLYNNE.—Me alegro de conocerla, lady Jedburgh. *(Se sienta junto a ella en el sofá.)* Su sobrino y yo somos grandes amigos. Estoy muy interesada en su carrera política. Creo que será un gran éxito. Él piensa como un tory y habla como un radical, y eso es muy importante hoy día. Es un gran orador. Pero todos sabemos de quién ha heredado eso. Lord Allandale me decía ayer en el parque que míster Graham habla casi tan bien como su tía.

LADY JEDBURGH.—¡Es usted muy amable al decirme esas cosas encantadoras! *(Mistress Erlynne sonríe y continúa la conversación.)*

DUMBY.—*(A Cecil Graham.)* ¿Has presentado a mistress Erlynne a lady Jedburgh?

CECIL GRAHAM.—Sí, querido amigo. ¡No pude evitarlo! Esa mujer consigue todo lo que quiere. No sé cómo, pero lo consigue.

DUMBY.—¡Quiera Dios que no se dirija a mí! *(Va junto a lady Plymdale.)*

MISTRESS ERLYNNE.—*(A lady Jedburgh.)* ¿El jueves? Encantada. *(Se levanta y habla con lord Windermere, riendo.)* ¡Qué aburrido es tener que ser sociable con estas viejas viudas! Pero ellas siempre son muy insistentes.

LADY PLYMDALE.—*(A míster Dumby.)* ¿Quién es esa mujer tan bien vestida que habla con Windermere?

DUMBY.—¡No tengo la más ligera idea! Parece una *édition de luxe* de una de esas novelas francesas hechas especialmente para el mercado inglés.

MISTRESS ERLYNNE.—¿Así que el pobre Dumby está con lady Plymdale? He oído que está terriblemente celosa de él. Él, por su parte, no parece tener muchas ganas de hablar conmigo esta noche. Supongo que tiene miedo de ella. Estas mujeres de color pajizo tienen unos temperamentos horribles. Ya sabe que pienso bailar con usted la primera pieza, Windermere. *(Lord Windermere se muerde el labio y frunce el ceño.)* ¡Lord Augustus se sentirá tan celoso! ¡Lord Augustus! *(Lord Augustus se acerca.)* Lord Windermere insiste en bailar conmigo la primera pieza; como esta es su casa, no puedo negarme. Ya sabe que me gustaría más bailar con usted.

LORD AUGUSTUS.—*(Con una profunda inclinación.)* Me gustaría poder creerlo, mistress Erlynne.

MISTRESS ERLYNNE.—Lo sabe usted muy bien. Creo que con usted podría bailar toda la vida y siempre me sentiría encantada.

LORD AUGUSTUS.—*(Poniéndose la mano sobre su blanca pechera.)* ¡Oh, gracias, gracias! ¡Es usted la más adorable de todas las mujeres!

MISTRESS ERLYNNE.—¡Qué bello discurso! ¡Tan simple y tan sincero! Justamente la clase de discursos que me gusta. Bueno, ¿quiere usted traerme mi ramo? *(Se va hacia el salón de baile del brazo de lord Windermere.)* ¡Ah! Míster Dumby, ¿cómo está usted? Siento mucho no haber estado en casa las tres últimas veces que ha ido usted. Venga a comer el viernes.

DUMBY.—*(Con perfecta indiferencia.)* ¡Encantado! *(Lady Plymdale mira indignada a míster Dumby. Lord Augustus sigue a mistress Erlynne y a lord Windermere al salón de baile llevando el ramo.)*

LADY PLYMDALE.—*(A míster Dumby.)* ¡Es usted un solemne mentiroso! ¡Nunca se puede creer ni una palabra de lo que habla! ¿Por qué me dijo usted que no la conocía? ¿Qué significan esas tres visitas que ella ha nombrado? No irá usted a comer allí, ¿comprende?

DUMBY.—¡Mi querida Laura, no he pensado ni un momento en ir!

LADY PLYMDALE.—¡Aún no me ha dicho su nombre! ¿Quién es?

DUMBY.—*(Tose ligeramente y se alisa el pelo.)* Es una tal mistress Erlynne.

LADY PLYMDALE.—¡Esa mujer!

DUMBY.—Sí; así es como todos la llaman.

LADY PLYMDALE.—¡Qué interesante! ¡Qué enormemente interesante! Realmente tengo que poner atención en ella. *(Va hacia la puerta del salón de baile y mira hacia dentro.)* He oído muchas cosas sobre ella. Se dice que está arruinando al pobre Windermere. ¡Y lady Windermere la invita! ¡Qué extraordinariamente divertido! Las mujeres buenas de verdad siempre hacen estupideces. ¡Usted irá a comer allí el viernes!

DUMBY.—¿Por qué?

LADY PLYMDALE.—Porque quiero que mi marido vaya con usted. Ha estado tan atento últimamente que se ha convertido en un perfecto engorro. Le vendrá bien esa mujer. Le aseguro que las mujeres de esa clase son muy útiles. Forman la base de los matrimonios.

DUMBY.—¡Qué misteriosa es usted!

LADY PLYMDALE.—*(Mirándole.)* ¡Me gustaría que usted lo fuera!

DUMBY.—Lo soy... para mí mismo. Soy la única persona en el mundo que me gustaría conocer bien; pero por ahora no sé cómo hacerlo. *(Entran en el salón de baile, y lady Windermere y lord Darlington salen de la terraza.)*

LADY WINDERMERE.—Sí, sí. Su venida aquí es monstruosa, intolerable. Ahora sé lo que usted quería decir esta tarde. ¿Por qué no me lo contó entonces? ¡Debería haberlo hecho!

LORD DARLINGTON.—¡No podía! ¡Un hombre no puede decir esas cosas de otro hombre! Pero si hubiera sabido que él iba a pedirle a usted que invitase a esa mujer esta noche, creo que se lo habría dicho. Ese insulto, al menos, se lo hubiera evitado.

LADY WINDERMERE.—Yo no la invité. Él insistió en que ella viniera, aun a pesar de mis ruegos..., de mis órdenes. ¡Oh! ¡Esta casa está manchada para mí! Siento como si todas las mujeres se burlasen de mí al verla bailar con mi marido. ¿Qué he hecho yo para merecer esto? Le di toda mi vida. Él la tomó..., la utilizó como quiso... ¡y la destrozó! Estoy degradada a mis propios ojos y no tengo valor... ¡Soy una cobarde! *(Se sienta en el sofá.)*

LORD DARLINGTON.—¡La conozco a usted bien y sé que no puede vivir con un hombre que la trata de esa forma! ¿Qué clase de vida tendría con él? Siempre pensaría usted que la estaba engañando. Sentiría que la mirada de sus ojos era falsa, que su voz era falsa, y también sus caricias y su pasión. Él vendría a usted cuando se encontrara harto de las otras; usted tendría que consolarle. Vendría a usted cuando desease a las otras, y usted tendría que agradarle. Sería usted para él la máscara de su verdadera vida, el manto que ocultase su secreto...

LADY WINDERMERE.—Tiene usted razón..., tiene usted terriblemente razón. Pero ¿qué puedo hacer? Dijo usted que sería mi amigo, lord Darlington. Dígame entonces lo que debo hacer. Sea mi amigo ahora.

LORD DARLINGTON.—Entre los hombres y las mujeres no es posible la amistad. Puede haber pasión, enemistad, adoración, amor, pero no amistad. Yo la amo...

LADY WINDERMERE.—¡No, no! *(Se levanta.)*

LORD DARLINGTON.—¡Sí, la amo! Es usted para mí más que todo en el mundo. ¿Qué le da su marido? Nada. Todo lo que hay en él se lo da a esa perversa mujer, a quien ha introducido en la sociedad de usted, en su casa, avergonzándola ante todos. Yo le ofrezco mi vida...

LADY WINDERMERE.—¡Lord Darlington!

LORD DARLINGTON.—Mi vida..., toda mi vida. Tómela y haga con ella lo que quiera... La amo... La amo como nunca he amado a nadie. ¡Desde el momento en que la conocí la amé, la amé ciegamente, con adoración, apasionadamente! Usted no lo supo entonces. ¡Ahora lo sabe! Abandone su casa esta noche. No voy a decirle que el mundo no importa nada, ni la voz del mundo, ni la voz de la sociedad. Importan mucho. Importan demasiado. Pero hay momentos en que uno debe elegir entre vivir su propia vida, completa, enteramente... o arrastrar la existencia falsa y degradante que el mundo, en su hipocresía, manda. Usted está ahora en uno de esos momentos. ¡Escoja! ¡Oh amor mío, escoja!

LADY WINDERMERE.—*(Alejándose de él lentamente y mirándole con los ojos muy abiertos.)* No tengo valor.

LORD DARLINGTON.—*(Siguiéndola.)* Sí; tiene usted valor. Puede que los primeros seis meses sean de dolor, aun de vergüenza, pero cuando usted no lleve su nombre, cuando lleve el mío, todo irá bien. Margaret, amor mío, será usted mi esposa algún día... ¡Sí, mi esposa! ¡Usted lo sabe! ¿Qué es usted ahora? Esa mujer ocupa el lugar que le pertenece a usted por derecho. ¡Oh! Márchese, márchese de esta casa con la cabeza alta, una sonrisa en los labios y una mirada valerosa. Todo Londres sabrá por qué lo hizo. ¿Y quién va a censurarla? Nadie. Y si lo hicieran, ¿qué importa? ¿Es algo malo? ¿Qué es lo que está mal? Está mal que un hombre abandone a su esposa por una vil mujer. Está mal que una esposa permanezca con un marido que trae sobre ella la deshonra. Usted dijo una vez que no perdonaría nunca. ¡Sea valiente! ¡Sea usted misma!

LADY WINDERMERE.—Temo ser yo misma. Déjeme pensar. ¡Déjeme esperar! Mi marido puede volver a mí. *(Se sienta en el sofá.)*

LORD DARLINGTON.—¡Y usted volvería a acogerle! No es usted como yo pensaba. Es exactamente igual a las demás. Lo soportaría todo con tal de no ser censurada por un mundo cuya alabanza desprecia. Dentro de una semana paseará usted con esa mujer por el parque. Será constantemente su invitada..., será su más querida amiga. Lo soportaría todo antes que romper ese monstruoso lazo. Tiene razón. ¡No posee usted ningún coraje!

LADY WINDERMERE.—¡Ah! Deme tiempo para pensar. No puedo contestarle ahora. *(Se pasa la mano por la frente nerviosamente.)*

LORD DARLINGTON.—Debe ser ahora o nunca.

LADY WINDERMERE.—*(Levantándose del sofá.)* ¡Entonces, nunca! *(Una pausa.)*

LORD DARLINGTON.—¡Me ha destrozado el corazón!

LADY WINDERMERE.—El mío ya lo estaba. *(Una pausa.)*

LORD DARLINGTON.—Mañana abandono Inglaterra. Esta es la última vez que la miro. Nunca volveremos a vernos. Por un momento nuestras vidas se encontraron..., nuestras almas se tocaron. Nunca deben encontrarse ni tocarse otra vez. Adiós, Margaret. *(Sale.)*

LADY WINDERMERE.—¡Qué sola estoy en la vida! ¡Qué terriblemente sola! *(La música cesa. Entran la duquesa de Berwick y lord Paisley riendo y hablando. Vienen del salón de baile otros invitados.)*

DUQUESA DE BERWICK.—Querida Margaret, acabo de tener una deliciosa charla con mistress Erlynne. Siento mucho lo que le he dicho a usted sobre ella esta tarde. Naturalmente, debe ser buena cuando usted la invita. Una mujer muy atractiva y con unos puntos de vista sobre la vida muy sensibles. Desaprueba por completo que la gente se case más de una vez, así que me siento completamente segura con respecto al pobre Augustus. No comprendo por qué la gente habla en contra de ella. Mis horribles sobrinas, las chicas de Saville, siempre están hablando de escándalos. Sin embargo, debería ir usted a Hamburgo, querida. ¡Es un sitio tan atractivo! Pero ¿dónde está Agatha? ¡Oh! Allí está. *(Lady Agatha y míster Hopper vienen de la terraza.)* Míster Hopper, estoy muy, muy enfadada con usted. Se ha llevado a Agatha a la terraza, ¡y ella es tan delicada!

HOPPER.—Lo siento muchísimo, duquesa. Salimos un momento y nos pusimos a hablar.

DUQUESA DE BERWICK.—¡Ah! ¿Sobre Australia, supongo?

HOPPER.—¡Sí!

DUQUESA DE BERWICK.—¡Agatha, querida! *(Le hace señas de que se acerque.)*

LADY AGATHA.—Sí, mamá.

DUQUESA DE BERWICK.—*(Aparte.)* ¿Ha dicho míster Hopper algo definitivo?...

LADY AGATHA.—Sí, mamá.

DUQUESA DE BERWICK.—*(Afectuosamente.)* ¡Querida mía! Siempre dices la palabra justa. ¡Míster Hopper! ¡James! Agatha me lo ha contado todo ¡Qué inteligentemente han guardado el secreto!

HOPPER.—Entonces ¿no le importa que me lleve a Agatha a Australia, duquesa?

DUQUESA DE BERWICK.—*(Indignada.)* ¿A Australia? ¡Oh! No mencione ese sitio tan horrible y vulgar.

HOPPER.—Pero ella ha dicho que le gustaría venir conmigo.

DUQUESA DE BERWICK.—*(Severamente.)* ¿Has dicho tú eso, Agatha?

LADY AGATHA.—Sí, mamá.

DUQUESA DE BERWICK.—Agatha, siempre estás diciendo tonterías. Creo que Grosvenor Square sería un sitio mucho más saludable para vivir. Hay mucha gente vulgar viviendo en Grosvenor Square, pero al menos allí no existen esos horribles canguros. Pero hablaremos de eso mañana. James, puede usted acompañar a Agatha hasta abajo. Naturalmente vendrá usted a comer, James. A la una y media en vez de a las dos. Estoy segura de que el duque querrá hablar algunas palabras con usted.

HOPPER.—Me gustaría hablar con el duque, duquesa. Aún no me ha dicho ni una sola palabra.

DUQUESA DE BERWICK.—Creo que mañana le dirá muchas. *(Sale lady Agatha con míster Hopper.)* Y ahora, buenas noches, Margaret. Es la vieja historia, querida. Amor..., bueno, no amor a primera vista, pero sí amor a final de temporada, lo cual es mucho más satisfactorio.

LADY WINDERMERE.—Buenas noches, duquesa. *(Sale la duquesa de Berwick del brazo de lord Paisley.)*

LADY PLYMDALE.—Querida Margaret, ¡con qué mujer tan encantadora ha estado bailando su marido! ¡Si yo fuera usted, me sentiría muy celosa! ¿Es una buena amiga de ustedes?

LADY WINDERMERE.—¡No!

LADY PLYMDALE.—¿De verdad? Buenas noches, querida. *(Mira a míster Dumby y sale.)*

DUMBY.—¡Qué horribles modales tiene el joven Hopper!

CECIL GRAHAM.—¡Ah! Hopper es un caballero de la naturaleza. El peor tipo de caballero que conozco.

DUMBY.—Lady Windermere es una mujer muy sensata. Muchas esposas se hubiesen opuesto a que viniese aquí mistress Erlynne. Pero lady Windermere posee esa cosa tan poco común llamada sentido común.

CECIL GRAHAM.—Y Windermere sabe que nada parece tan inocente como una indiscreción.

DUMBY.—Sí; el querido Windermere se está convirtiendo casi en moderno. Nunca lo hubiera creído. *(Se inclina ante lady Windermere y sale.)*

LADY JEDBURGH.—Buenas noches, lady Windermere. ¡Qué mujer tan fascinante es mistress Erlynne! Vendrá a cenar conmigo el jueves. ¿Quiere usted venir? Espero al obispo y a la querida lady Merton.

LADY WINDERMERE.—Tengo ya un compromiso; lo siento, lady Jedburgh.

LADY JEDBURGH.—Yo también lo siento. Vamos, querida. *(Salen lady Jedburgh y miss Graham. Entran mistress Erlynne y lord Windermere.)*

MISTRESS ERLYNNE.—¡Ha sido una fiesta encantadora! Me recuerda los viejos días. *(Se sienta en el sofá.)* Ya veo que ahora hay tantos idiotas en la sociedad como solía haber antes. ¡Me alegro mucho de saber que nada ha cambiado! Excepto Margaret. Ella se ha puesto muy bonita. La última vez que la vi, hace ya veinte años, estaba espantosa y con un vestido de franela. Le aseguro que es verdad. ¡La querida duquesa! ¡Y la buena lady Agatha! ¡Justo el tipo de muchacha que me gusta! Bueno, realmente, Windermere, voy a ser cuñada de la duquesa...

LORD WINDERMERE.—*(Sentándose a la izquierda de ella.)* Pero ¿usted?... *(Sale míster Cecil Graham con el resto de los invitados. Lady Windermere observa, con una mirada de desprecio y dolor, a mistress Erlynne y a su marido. Ellos no se han dado cuenta de su presencia.)*

MISTRESS ERLYNNE.—¡Oh, sí! Mañana vendrá a verme a las doce. Quería declararse esta noche. En realidad lo hizo. Ha aplazado su proposición. ¡Pobre Augustus! Usted sabe cuánto se repite. ¡Una mala costumbre! Pero yo le dije que no le contestaría hasta mañana. Naturalmente voy a aceptarlo. Y me atrevo a decir que seré para él una admirable esposa. Y en lord Augustus hay también muchas cosas buenas. Afortunadamente todas están en la superficie. Justamente donde deben estar las buenas cualidades. Desde luego, debe usted ayudarme en este asunto.

LORD WINDERMERE.—¿Supongo que no tendré que animar a lord Augustus?

MISTRESS ERLYNNE.—¡Oh, no! De eso me encargo yo. Pero usted me proporcionará una buena dote, ¿verdad, Windermere?

LORD WINDERMERE.—*(Frunciendo el ceño.)* ¿Es de eso de lo que quería hablarme esta noche?

MISTRESS ERLYNNE.—Sí.

LORD WINDERMERE.—*(Con un gesto de impaciencia.)* No quiero hablar de eso aquí.

MISTRESS ERLYNNE.—*(Riendo.)* Entonces hablaremos de ello en la terraza. Aun los negocios deben tener un fondo pintoresco. ¿No es así, Windermere? Con un fondo apropiado una mujer puede hacer cualquier cosa.

LORD WINDERMERE.—¿No daría igual mañana?

MISTRESS ERLYNNE.—No; ya sabe usted que mañana tengo que aceptarlo. Y creo que sería una buena cosa que fuera capaz de decirle que tengo..., bueno, ¿qué le diré? Dos mil libras al año que me ha dejado un primo tercero, o un segundo marido, o cualquier otro pariente lejano por el estilo. Sería un atractivo adicional, ¿verdad? Ahora tiene usted una oportunidad deliciosa para hacerme un cumplido, Windermere. Pero no es usted muy inteligente para hacer cumplidos. Temo que Margaret no ha desarrollado en usted esa excelente costumbre. Es un gran error por su parte. Cuando los hombres no dicen cosas encantadoras es que tampoco las piensan. Pero, en serio, ¿qué le parecen dos mil libras? ¿O dos mil quinientas? En la vida moderna el margen lo es todo. Windermere, ¿no cree usted que el mundo es un lugar extraordinariamente divertido? ¡Yo sí! *(Sale a la terraza con lord Windermere. Se oye música en el salón de baile.)*

LADY WINDERMERE.—Estar más tiempo en esta casa es imposible. Esta noche un hombre que me ama me ofreció toda su vida. Yo la rechacé, fue una locura. Ahora yo le ofreceré la mía. Le daré la mía. ¡Iré con él! *(Se pone la capa y va hacia la puerta; entonces se vuelve. Se sienta junto a la mesa y escribe una carta, la pone en un sobre y la deja sobre la mesa.)* Arthur nunca me ha entendido. Cuando lea esto me entenderá. Ahora puede hacer lo que quiera con su vida. Yo he hecho con la mía lo que he creído que era mejor, lo que tenía derecho a hacer. Él es quien ha roto el lazo del matrimonio, no yo. Yo solo he roto su cautiverio. *(Sale. Entra Parker por la izquierda y va hacia el salón de baile. Entra mistress Erlynne.)*

MISTRESS ERLYNNE.—¿Está lady Windermere en el salón de baile?

PARKER.—La señora acaba de salir.

MISTRESS ERLYNNE.—¿Ha salido? ¿No está en la terraza?

PARKER.—No, madame. La señora acaba de salir de la casa.

MISTRESS ERLYNNE.—*(Se estremece y mira al criado con una expresión de asombro.)* ¿De la casa?

PARKER.—Sí, madame... La señora me ha dicho que ha dejado sobre la mesa una carta para el señor.

MISTRESS ERLYNNE.—¿Una carta para lord Windermere?

PARKER.—Sí, madame.

MISTRESS ERLYNNE.—Gracias. *(Sale Parker. La música del salón de baile se detiene.)* ¡Ha salido de su casa! ¡Una carta para su marido! *(Va hacia el escritorio y mira la carta. La coge y la vuelve a dejar con un estremecimiento de temor.)* ¡No, no! ¡Es imposible! ¡La vida no puede repetir una tragedia como esa! ¡Oh! ¿Por qué me asalta ese terrible pensamiento? ¿Por qué recuerdo ahora el momento de mi vida que más desearía olvidar? ¿Repetirá la vida sus tragedias? *(Abre la carta y la lee; después se deja caer en un sillón con un gesto de angustia.)* ¡Oh! ¡Qué horrible! ¡Las mismas palabras que hace veinte años yo escribí a su padre! ¡Y qué amargamente he sido castigada por eso! No; mi castigo, mi verdadero castigo empieza esta noche, ¡ahora! *(Sigue sentada. Entra lord Windermere.)*

LORD WINDERMERE.—¿Ha dicho usted buenas noches a mi esposa?

MISTRESS ERLYNNE.—Sí. *(Aprieta la carta en su mano.)*

LORD WINDERMERE.—¿Dónde está?

MISTRESS ERLYNNE.—Estaba muy cansada. Se ha ido a la cama. Dijo que tenía dolor de cabeza.

LORD WINDERMERE.—Debo ir con ella. Excúseme.

MISTRESS ERLYNNE.—*(Se levanta rápidamente.)* ¡Oh, no! No es nada serio. Estaba muy cansada, eso es todo. Además, hay gente aún en el comedor. Ella quiere que la disculpe usted con ellos. Dijo que no quería ser molestada. *(Deja caer la carta.)* ¡Me pidió que se lo dijese!

LORD WINDERMERE.—*(Coge la carta.)* Se le ha caído algo.

MISTRESS ERLYNNE.—¡Oh, sí! Gracias, es mía. *(Alarga la mano.)*

LORD WINDERMERE.—*(Mirando todavía la carta.)* Pero es la letra de mi mujer...

MISTRESS ERLYNNE.—*(La coge rápidamente.)* Sí; es... una dirección. ¿Quiere usted pedir mi coche, por favor?

LORD WINDERMERE.—Desde luego. *(Sale por la izquierda.)*

MISTRESS ERLYNNE.—¡Gracias! ¿Qué puedo hacer? Siento que se despierta en mí una pasión que nunca había sentido antes. ¿Qué querrá decir? La hija no debe ser como la madre..., eso sería horrible. ¿Cómo puedo salvarla? ¿Cómo puedo salvar a mi hija? Un instante puede arruinar mi vida. ¿Quién sabe eso mejor que yo? Windermere debe salir de la casa; es absolutamente necesario. *(Va hacia la izquierda.)* Pero ¿cómo lo conseguiré? Debo hacer algo. ¡Ah! *(Entra lord Augustus llevando un ramo.)*

LORD AUGUSTUS.—Querida señora, ¡si supiera la horrible incertidumbre en que me encuentro! ¿No puede haber aún una contestación a mi pregunta?

MISTRESS ERLYNNE.—Lord Augustus, escúcheme.

Usted va a llevarse a lord Windermere al club inmediatamente y lo va a retener allí el mayor tiempo posible, ¿entiende?

LORD AUGUSTUS.—¡Pero usted dijo que deseaba que me acostase temprano!

MISTRESS ERLYNNE.—*(Nerviosamente.)* Haga lo que le digo. Haga lo que le digo.

LORD AUGUSTUS.—¿Cuál será mi recompensa?

MISTRESS ERLYNNE.—¿Su recompensa? ¿Su recompensa? ¡Oh! Pídamela mañana. Pero no permita que Windermere se aparte de su lado esta noche. Si no lo hace así, nunca lo perdonaré. No volveré a hablarle. No tendré nada que ver con usted. Recuerde que tiene que ir con Windermere al club y no dejarlo volver esta noche. *(Sale por la izquierda.)*

LORD AUGUSTUS.—Bueno; realmente parece que ya soy su marido. Lo parece enteramente. *(La sigue con gesto de asombro.)*

TELÓN

ACTO TERCERO

Escena: las habitaciones de lord Darlington. Hay un gran sofá frente a la chimenea, a la derecha. Al fondo hay una cortina corrida sobre una ventana. Puertas a izquierda y derecha. Mesa a la derecha con objetos de escritorio. Mesa en el centro con un servicio de bebidas. Mesa a la izquierda con cajas de cigarros y cigarrillos. Las luces están encendidas.

LADY WINDERMERE.—*(En pie junto a la chimenea.)* ¿Por qué no viene? Esta espera es horrible. Debería estar aquí. ¿Por qué no está aquí para reanimarme con sus palabras apasionadas, que siento como fuego dentro de mí? Tengo frío..., el frío de un ser sin amor. Arthur ya debe de haber leído mi carta. Si yo le importase hubiera venido detrás de mí y me hubiera llevado con él por la fuerza. Pero yo no le preocupo. Está atrapado por esa mujer..., fascinado por ella..., dominado. Si una mujer quiere dominar a un hombre no tiene más que apelar a lo que hay peor en él. Nosotras hacemos dioses a los hombres y ellos nos abandonan. Otras los convierten en bestias y ellos siempre les son fieles. ¡Qué horrible es la vida!... ¡Oh! fue una locura venir aquí, una horrible locura. Y, sin embargo, me pregunto si será peor estar a merced de un hombre que me ama o ser la esposa de un hombre que me deshonra en mi propia casa. ¿Qué mujer lo sabría? ¿Qué mujer en todo el mundo? Pero ¿me amará siempre este hombre al que voy a entregar mi vida? ¿Qué le doy yo a él? Unos labios que han perdido su alegría, unos ojos que están ciegos por las lágrimas, unas manos frías y un corazón de hielo. No le doy nada. Debo volver... No. No puedo volver; mi carta estará ya en su poder... ¡Arthur no me perdonará nunca! ¡Esa carta fatal! ¡No! Lord Darlington abandona Inglaterra mañana. Iré con él... No tengo elección. *(Se sienta unos instantes. Después se estremece, se levanta y se pone su capa.)* ¡No, no! Volveré; dejaré que Arthur haga conmigo lo que quiera. No puedo estar aquí. Ha sido una locura venir. Debo volver en seguida. En cuanto a lord Darlington... ¡Oh! ¡Aquí está! ¿Qué haré? ¿Qué puedo decirle? ¿Me dejará marchar? He oído que los hombres son brutales, horribles. ¡Oh! *(Esconde el rostro entre las manos. Entra mistress Erlynne por la izquierda.)*

MISTRESS ERLYNNE.—¡Lady Windermere! *(Lady Windermere se estremece y levanta la cabeza. Entonces retrocede con un gesto de desprecio.)* Gracias a Dios que he llegado a tiempo. Debe usted volver con su marido inmediatamente.

LADY WINDERMERE.—¿Sí?

MISTRESS ERLYNNE.—*(Autoritariamente.)* ¡Sí! ¡Debe hacerlo! No hay un momento que perder. Lord Darlington puede volver en cualquier instante.

LADY WINDERMERE.—¡No se acerque a mí!

MISTRESS ERLYNNE.—¡Oh! Está usted al borde de la ruina, está usted al borde de un horrible precipicio. Debe dejar este lugar inmediatamente; mi coche está esperando en la esquina de la calle. Debe usted venir conmigo y volver a su casa. *(Lady Windermere se quita la capa y la arroja sobre el sofá.)* ¿Qué va usted a hacer?

LADY WINDERMERE.—Mistress Erlynne..., si no hubiese usted venido aquí, yo hubiera vuelto por mí misma. Pero ahora que la veo siento que nada podrá inducirme a vivir bajo el mismo techo que lord Windermere. Usted me horroriza. Hay algo en su persona que despierta mis sentimientos salvajes..., que me hace feroz... Y sé por qué está usted aquí. Mi marido la ha enviado para que me haga regresar y les sirva como pantalla en las relaciones, sean cuales sean, que existen entre usted y él.

MISTRESS ERLYNNE.—¡Oh! No pensará usted que... ¡No puede pensarlo!

LADY WINDERMERE.—Regrese con mi marido, mistress Erlynne. Le pertenece a usted y no a mí. Supongo que él tiene miedo de un escándalo. Los hombres son unos cobardes. No tienen en cuenta ninguna de las leyes del mundo y después temen la voz del mundo. Pero es mejor que se prepare. Tendrá un escándalo. Tendrá el peor escándalo que ha habido en Londres desde hace años. Verá su nombre en todos los viles periódicos y el mío en todos los horribles pasquines.

MISTRESS ERLYNNE.—No..., no...

LADY WINDERMERE.—¡Sí! Lo tendrá. Si hubiese venido él, admito que yo hubiera vuelto a esa vida de degradación que usted y él habían preparado para mí... Iba a volver... Pero permanecer en casa y enviarla usted como mensajera... ¡Oh! ¡Eso es infame!... ¡Infame!

MISTRESS ERLYNNE.—Lady Windermere, está usted horriblemente equivocada con respecto a mí y a su marido. Él no sabe que está usted aquí...; cree que está segura en su casa. Cree que está durmiendo en su habitación. ¡No ha leído nunca esa loca carta que usted le escribió!

LADY WINDERMERE.—¿No la ha leído?

MISTRESS ERLYNNE.—No. No sabe nada de ella.

LADY WINDERMERE.—¡Qué simple me cree usted! *(Acercándose a ella.)* ¡Está mintiendo!

MISTRESS ERLYNNE.—*(Conteniéndose.)* No. Le estoy diciendo la verdad.

LADY WINDERMERE.—Si mi esposo no ha leído la carta, ¿cómo está usted aquí? ¿Quién le dijo que yo había dejado la casa en la que usted tuvo la desvergüenza de entrar? ¿Quién le dijo dónde había ido? Se lo dijo mi esposo, y la envió para que me convenciese de que volviera. *(Cruza hacia la izquierda.)*

MISTRESS ERLYNNE.—Su esposo no ha visto la carta.

Yo... la vi..., la abrí... La..., la leí.

LADY WINDERMERE.—*(Volviéndose hacia ella.)* ¿Abrió usted la carta que yo escribí a mi marido? ¡Cómo se ha atrevido!

MISTRESS ERLYNNE.—¡Atreverme! ¡Oh! Por salvarla del abismo en que está cayendo usted no hay nada en el mundo a lo que yo no me atreviese, nada en el mundo. Aquí está la carta. Su marido nunca la ha leído. Nunca la leerá. *(Va hacia la chimenea.)* Nunca debería haber sido escrita. *(La rompe y la arroja al fuego.)*

LADY WINDERMERE.—*(Con infinito desprecio en la voz y en la mirada.)* Después de todo, ¿cómo sé que esa era mi carta? ¡Cree usted poder engañarme con la más vulgar treta!

MISTRESS ERLYNNE.—¡Oh! ¿Por qué no cree usted nada de lo que le digo? ¿Qué cree que me ha impulsado a venir aquí, excepto el deseo de salvarla de la ruina, de salvarla de las consecuencias de un horrible error? La carta que se ha quemado era la suya. ¡Se lo juro!

LADY WINDERMERE.—*(Con lentitud.)* Tuvo usted buen cuidado de quemarla antes de que yo la examinara. No puedo creerla. Siendo toda su vida una mentira, ¿cómo puede usted hablar de verdad? *(Se sienta.)*

MISTRESS ERLYNNE.—*(Precipitadamente.)* Piense lo que quiera de mí... Diga lo que quiera contra mí, pero vuelva, vuelva con el marido al que ama.

LADY WINDERMERE.—¡No le amo!

MISTRESS ERLYNNE.—Sí le ama, y usted lo sabe.

LADY WINDERMERE.—Él no entiende lo que es el amor. Lo entiende tan poco como usted... Pero ya sé lo que usted quiere. Será una gran ventaja para usted que yo regrese. ¡Dios mío! ¡Qué vida llevaría entonces! ¡Viviendo a merced de una mujer en la que no existe la piedad ni la compasión, de una mujer cuyo solo roce es infamante, cuya amistad es una degradación, una mujer vil, una mujer que viene a interponerse entre un marido y su esposa!

MISTRESS ERLYNNE.—*(Con un gesto de desespera-*

ción.) Lady Windermere, lady Windermere, no diga esas cosas horribles. No sabe usted qué terribles son, qué terribles y qué injustas. ¡Escúcheme! ¡Debe escucharme! Vuelva con su marido y yo le prometo que no volveré a estar en comunicación con él bajo ningún pretexto; nunca lo veré, nunca tendré que ver con su vida o la de usted. El dinero que me dio no me lo dio por amor, sino por odio; no por adoración, sino por desprecio. La influencia que tengo sobre él...

LADY WINDERMERE.—*(Levantándose.)* ¡Ah! ¡Admite usted que tiene una influencia!

MISTRESS ERLYNNE.—Sí; y le diré por qué es. Es por su amor por usted, lady Windermere.

LADY WINDERMERE.—¿Espera que me crea eso?

MISTRESS ERLYNNE.—¡Tiene que creerlo! ¡Es verdad! Es su amor por usted lo que le hizo someterse a... ¡Oh! Llámelo como quiera, tiranía, amenazas, lo que usted quiera. Pero es su amor por usted. Su deseo de evitarle a usted... la vergüenza, sí, la vergüenza y la desgracia.

LADY WINDERMERE.—¿Qué quiere usted decir? ¡Es una insolente! ¿Qué tengo yo que ver con usted?

MISTRESS ERLYNNE.—*(Con tono humilde.)* Nada. Ya lo sé... Pero le digo que su marido la ama... Que no volverá usted a encontrar en toda su vida un amor igual... Y que si ahora no lo toma, llegará un día en que usted quiera amor y nadie se lo dará, implorará amor y todos se lo negarán. ¡Oh! ¡Arthur la ama!

LADY WINDERMERE.—¿Arthur? ¿Y me dijo que no había nada entre ustedes?

MISTRESS ERLYNNE.—¡Lady Windermere, ante el cielo le juro que su marido es inocente de todo lo que usted cree de él! Y yo..., yo le digo que si se me hubiera ocurrido que esa monstruosa suposición podía apoderarse de usted, hubiese preferido morir antes que cruzarme en su vida o en la de usted. ¡Oh! ¡Morir! ¡Sí, morir!

LADY WINDERMERE.—Habla usted como si tuviese corazón. Las mujeres como usted no lo tienen. Usted no lo tiene; lo compra y lo vende. *(Se sienta a la izquierda.)*

MISTRESS ERLYNNE.—*(Se estremece con un gesto de dolor. Después se contiene y se dirige hacia donde está sentada lady Windermere. Mientras habla, tiende las manos hacia ella, pero no se atreve a tocarla.)* Crea usted lo que quiera de mí. No merezco ni un momento de dolor. ¡Pero no estropee su bella y joven vida por mi culpa! Usted no sabe lo que puede sucederle si no sale inmediatamente de esta casa. Usted no sabe lo que es caer en un abismo, ser despreciada, ser objeto de burla, ser abandonada..., ¡ser arrojada de todas partes! Encontrar todas las puertas cerradas, arrastrarse por horribles caminos, temer a cada instante que le arranquen la máscara que oculta su rostro, y siempre oyendo la risa, la horrible risa del mundo, que es algo más trágico que todas las lágrimas que el mundo pueda derramar. Usted no sabe lo que es eso. Se paga una vez por el pecado, y después se vuelve a pagar, y se está pagando por él toda la vida. Usted no debe conocer eso nunca. En cuanto a mí, si sufrir es una expiación, en este momento he expiado todas mis faltas, cualesquiera que hayan sido. Porque esta noche ha dado usted un corazón a quien no lo tenía y a la vez ha roto este corazón. Pero dejemos eso. Mi vida puede haber sido mala, pero no quiero que lo sea la suya. Usted..., que es simplemente una niña, estaría perdida. No posee usted la fuerza de una mujer para volverse atrás. No tiene ni el valor ni el coraje necesarios. ¡No podría soportar el deshonor! ¡No! Vuelva, lady Windermere, con el esposo que la ama y al que usted también ama. Tiene usted un hijo, lady Windermere. Vuelva con ese hijo que, como hasta ahora, con pena o con alegría, puede llamarla. *(Lady Windermere se levanta.)* Dios le ha dado ese hijo. Él le manda que usted le proporcione una vida buena, que cuide de él. ¿Qué contestación le dará usted a Dios si su vida queda arruinada por causa suya? Vuelva a su casa, lady Windermere, ¡su esposo la ama! Jamás ha dejado de sentir ese amor por usted. Pero aunque él tuviese mil amores, usted debería estar con su hijo. Si él fuese cruel con usted, debería permanecer con su hijo. Aunque la maltratara o la abandonase, su puesto está con su hijo. *(Lady Windermere estalla en lágrimas y esconde el rostro entre las manos. Mistress Erlynne va hacia ella.)* ¡Lady Windermere!

LADY WINDERMERE.—*(Tendiendo las manos hacia ella, desesperadamente, como una niña.)* Lléveme a casa. Lléveme a casa.

MISTRESS ERLYNNE.—*(Está a punto de abrazarla. Se contiene. Hay un gesto de alegría indescriptible en su rostro.)* ¡Vamos! ¿Dónde está su capa? *(Cogiéndola del sofá.)* Aquí. Póngasela. ¡Vámonos inmediatamente! *(Van hacia la puerta.)*

LADY WINDERMERE.—¡Deténgase! ¿No oye usted voces?

MISTRESS ERLYNNE.—¡No, no! ¡No es nadie!

LADY WINDERMERE.—¡Sí! ¡Escuche! ¡Oh! ¡Es la voz de mi esposo! ¡Está entrando! ¡Sálveme! ¡Oh, esto es una conjuración! Usted le ha hecho venir. *(Se oyen voces.)*

MISTRESS ERLYNNE.—¡Silencio! Estoy aquí para salvarla, si puedo. ¡Pero temo que sea demasiado tarde! ¡Allí! *(Apunta hacia la cortina que hay en la ventana.)* ¡A la primera ocasión, Si es que la hay, márchese!

LADY WINDERMERE.—¿Y usted?

MISTRESS ERLYNNE.—¡Oh! No se preocupe por mí. Les haré frente. *(Lady Windermere se esconde tras la cortina.)*

LORD AUGUSTUS.—*(Dentro..)* ¡Tonterías, lord Windermere! ¡No debe usted abandonarme!

MISTRESS ERLYNNE.—¡Lord Augustus! ¡Entonces soy yo quien está perdida! *(Vacila un instante, después mira a su alrededor, ve la puerta de la derecha y sale por ella. Entran lord Darlington, míster Dumby, lord Windermere, lord Augustus Lorton y míster Cecil Graham.)*

DUMBY.—¡Qué tontería que nos hayan echado del club a esta hora! Son solo las dos. *(Se sienta en una silla.)* Ahora es cuando empieza la mejor parte de la noche. *(Bosteza y cierra los ojos.)*

LORD WINDERMERE.—Es usted muy amable, lord Darlington, permitiendo que Augustus le imponga nuestra compañía, pero temo tener que marcharme pronto.

LORD DARLINGTON.—¿Sí? ¡Lo siento mucho! ¿Quiere un cigarro?

LORD WINDERMERE.—¡Gracias! *(Se sienta.)*

LORD AUGUSTUS.—*(A lord Windermere.)* Mi querido amigo, eso de irse ni lo sueñe. Tengo mucho que hablar con usted y de mucha importancia. *(Se sienta con él en la mesa de la izquierda.)*

CECIL GRAHAM.—¡Oh! ¡Todos sabemos lo que es! Tuppy no puede hablar de otra cosa sino de mistress Erlynne.

LORD WINDERMERE.—Bueno, eso no es asunto tuyo, ¿verdad, Cecil?

CECIL GRAHAM.—¡No! Por eso me interesa. Mis Asuntos siempre me aburren mortalmente. Prefiero los de los demás.

LORD DARLINGTON.—Tengo algo de beber, amigos. Cecil, ¿quieres un whisky con soda?

CECIL GRAHAM.—¡Gracias! *(Va hacia la mesa con lord Darlington.)* Mistress Erlynne estaba muy bonita esta noche, ¿verdad?

LORD DARLINGTON.—Yo no soy uno de sus admiradores.

CECIL GRAHAM.—Yo tampoco lo era, pero lo soy ahora. Me hizo que le presentase a la pobre y querida tía Caroline. Creo que va a ir a comer con ella.

LORD DARLINGTON.—*(Sorprendido.)* ¿Eh?

CECIL GRAHAM.—Sí; es cierto.

LORD DARLINGTON.—Excúsenme, amigos. Mañana me marcho y tengo que escribir unas cartas. *(Va hacia la mesa escritorio y se sienta.)*

DUMBY.—Mujer muy inteligente esa mistress Erlynne.

CECIL GRAHAM.—¡Hola, Dumby! Creí que estaba dormido.

DUMBY.—Lo estoy; corrientemente, lo estoy.

LORD AUGUSTUS.—Una mujer inteligentísima. Sabe perfectamente bien lo endemoniadamente idiota que soy yo..., lo sabe tan bien como yo mismo. *(Cecil Graham se acerca a él riendo.)* ¡Ah! Puedes reírte, muchacho, pero es una gran cosa encontrar a una mujer que nos entienda bien.

DUMBY.—Eso es algo terriblemente peligroso. La cosa siempre acaba en boda.

CECIL GRAHAM.—¡Pero yo creía, Tuppy, que no deseabas verla nunca más! ¡Sí! Me lo dijiste ayer por la noche en el club. Me dijiste que habías oído... *(Le habla en voz baja.)*

LORD AUGUSTUS.—¡Oh! Eso ya me lo explicó ella.

CECIL GRAHAM.—¿Y el asunto de Wiesbaden?

LORD AUGUSTUS.—También me lo explicó.

CECIL GRAHAM.—¿Y lo de su renta, Tuppy? ¿Te explicó eso también?

LORD AUGUSTUS.—*(Con tono serio.)* Eso me lo explicará mañana. *(Cecil Graham va hacia la mesa del centro.)*

DUMBY.—Las mujeres de hoy día son horriblemente comerciales. Nuestras abuelas hacían lo que les venía en gana sin importarles nada ni un comino; pero, ¡rayos!, sus nietas hacen lo mismo, pero antes calculan cuánto les va a producir.

LORD AUGUSTUS.—Quiere usted hacer de ella una mujer mala. ¡Y no lo es!

CECIL GRAHAM.—¡Oh! Las mujeres malas nos molestan. Las buenas nos aburren. Esa es la única diferencia que hay entre ellas.

LORD AUGUSTUS.—*(Echando humo de su cigarro.)* Mistress Erlynne tiene un futuro ante ella.

DUMBY.—Mistress Erlynne tiene un pasado ante ella.

LORD AUGUSTUS.—Prefiero a las mujeres con un pasado. Siempre se divierte uno endemoniadamente al hablar con ellas.

CECIL GRAHAM.—Entonces tendrás muchísimos temas de conversación con ella, Tuppy. *(Se levanta y va hacia él.)*

LORD AUGUSTUS.—Te estás volviendo muy molesto, muchacho, endemoniadamente molesto.

CECIL GRAHAM.—*(Le pone las manos sobre los hom-*

bros.) Tuppy, has perdido tu postura y tu carácter. No pierdas tu paciencia; solo te queda eso.

LORD AUGUSTUS.—Mi querido amigo, si yo no fuese el hombre más paciente de Londres...

CECIL GRAHAM.—Te trataríamos con más respeto, ¿verdad, Tuppy? *(Se pone a pasear.)*

DUMBY.—La juventud actual es monstruosa. No tiene ningún respeto al pelo teñido. *(Lord Augustus mira irritado a su alrededor.)*

CECIL GRAHAM.—Mistress Erlynne tiene un gran respeto por el querido Tuppy.

DUMBY.—Entonces mistress Erlynne sienta un admirable ejemplo para el resto de su sexo. Es perfectamente brutal la forma en que la mayoría de las mujeres de hoy día tratan a los hombres que no son sus maridos.

LORD WINDERMERE.—Dumby, eres ridículo; y tú, Cecil, no sueltes la lengua. Debéis dejar tranquila a mistress Erlynne. Realmente no sabéis nada de ella y siempre habláis escandalosamente en su contra.

CECIL GRAHAM.—*(Yendo hacia él.)* Mi querido Arthur, yo nunca hablo escandalosamente. Solamente chismorreo.

LORD WINDERMERE.—¿Cuál es la diferencia entre hablar escandalosamente y chismorrear?

CECIL GRAHAM.—¡Oh! ¡El chismorreo es encantador! La historia es simplemente un chismorreo. Pero los escándalos son chismorreos que la moralidad hace aburridos. Yo nunca moralizo. Un hombre que moraliza es, casi siempre, un hipócrita, y una mujer que moraliza es, invariablemente, fea. No hay nada en el mundo tan indecente como una conciencia puritana. Y la mayoría de las mujeres, me alegro de poder decirlo, lo saben.

LORD AUGUSTUS.—Exactamente lo que pienso yo, amigo mío, exactamente lo que pienso yo.

CECIL GRAHAM.—Siento oírte eso, Tuppy; cuando la gente está de acuerdo conmigo veo siempre que debo de estar equivocado.

LORD AUGUSTUS.—Chico, cuando yo tenía tu edad...

CECIL GRAHAM.—Pero si no la has tenido nunca, Tuppy, y nunca la tendrás. *(Va hacia el centro.)* Darlington, déjenos una baraja. Tú jugarás, ¿verdad, Arthur?

LORD WINDERMERE.—No, gracias, Cecil.

DUMBY.—*(Con un suspiro.)* ¡Cielo santo! ¡Cómo arruina el matrimonio a un hombre! Es algo tan desmoralizador como los cigarrillos, y mucho más caro.

CECIL GRAHAM.—¿Tú jugarás, naturalmente, Tuppy?

LORD AUGUSTUS.—*(Sirviéndose brandy con soda en la mesa.)* No puedo, chico. Le prometí a mistress Erlynne que no volvería a jugar ni a beber.

CECIL GRAHAM.—Querido Tuppy, no irás a perderte por los senderos de la virtud. Reformado serías enormemente aburrido. Eso es lo peor de las mujeres. Siempre quieren que uno sea bueno. Y si somos buenos, entonces nos dejan y se enamoran de otro. Les gusta encontrarnos muy malos y dejarnos muy buenos.

LORD DARLINGTON.—*(Levantándose de la mesa de la derecha, donde ha estado escribiendo cartas.)* ¡Siempre nos encuentran malos!

DUMBY.—No creo que nosotros seamos malos. Creo que todos somos buenos, excepto Tuppy.

LORD DARLINGTON.—No; todos estamos en el pozo, pero algunos miramos a las estrellas. *(Se sienta en la mesa del centro.)*

DUMBY.—¿Todos estamos en el pozo, pero algunos miramos a las estrellas? Palabra que esta noche estás muy romántico, Darlington.

CECIL GRAHAM.—¡Demasiado romántico! Debe de estar enamorado. ¿Quién es la muchacha?

LORD DARLINGTON.—La mujer que yo amo no es libre, o cree no serlo. *(Mira instintivamente a lord Windermere mientras habla.)*

CECIL GRAHAM.—¡Una mujer casada! Bueno; no hay nada en el mundo como el amor de una mujer casada. Eso el hombre soltero lo sabe muy bien.

LORD DARLINGTON.—¡Oh! Ella no me ama. Es una mujer buena. La única que he conocido en mi vida.

CECIL GRAHAM.—¿La única mujer buena que has conocido en tu vida?

LORD DARLINGTON.—¡Sí!

CECIL GRAHAM.—*(Encendiendo un cigarrillo.)* ¡Pues eres un hombre de suerte! Yo he conocido a cientos de mujeres buenas. Solo he conocido a mujeres buenas. El mundo está plagado de ellas. Se las reconoce por su educación de clase media.

LORD DARLINGTON.—Esta mujer tiene pureza e inocencia. Tiene todo lo que los hombres hemos perdido.

CECIL GRAHAM.—Mi querido amigo, ¿qué demonios íbamos a hacer los hombres con pureza e inocencia? Un ojal cuidadosamente bordado es mucho más efectivo.

DUMBY.—Entonces ¿ella no te ama realmente?

LORD DARLINGTON.—No, no me ama.

DUMBY.—Alégrate, querido amigo. En este mundo hay solo dos clases de tragedias. Una es no obtener lo que se desea y la otra obtenerlo. La última es mucho peor. ¡La última es una verdadera tragedia! Pero me interesa oír que no te ama. ¿Cuánto tiempo podrías querer a una mujer que no te amase, Cecil?

CECIL GRAHAM.—¿A una mujer que no me amase? ¡Oh! ¡Toda la vida!

DUMBY.—Lo mismo que yo. ¡Pero es tan difícil encontrar una!

LORD DARLINGTON.—¿Cómo puedes ser tan engreído, Dumby?

DUMBY.—No lo digo por engreimiento. Lo digo con lástima. He sido adorado locamente, ardientemente. Lo siento. Ha sido un enorme aburrimiento. Me gustaría de cuando en cuando tener un poco de tiempo para mí mismo.

LORD AUGUSTUS.—*(Mirando a su alrededor.)* Tiempo para educarte a ti mismo, supongo.

DUMBY.—No; tiempo para olvidar todo lo que he aprendido. Eso es mucho más importante, querido Tuppy. *(Lord Augustus se remueve en el sillón.)*

LORD DARLINGTON.—¡Qué cínicos sois!

CECIL GRAHAM.—¿Qué es un cínico? *(Sentándose en el respaldo del sofá.)*

LORD DARLINGTON.—Un hombre que sabe el precio de todo y no conoce el valor de nada.

CECIL GRAHAM.—Y un sentimental, mi querido Darlington, es un hombre que ve un absurdo valor en todo y no conoce el precio de nada.

LORD DARLINGTON.—Tú siempre me diviertes, Cecil. Hablas como si fueras un hombre de experiencia.

CECIL GRAHAM.—Lo soy. *(Va hacia la chimenea.)*

LORD DARLINGTON.—¡Eres demasiado joven!

CECIL GRAHAM.—Ese es un gran error. La experiencia es una cuestión de instinto de la vida. Yo lo tengo. Tuppy, no. Experiencia es el nombre que Tuppy da a sus errores. Eso es todo. *(Lord Augustus mira a su alrededor indignado.)*

DUMBY.—Experiencia es el nombre que todo el mundo da a sus errores.

CECIL GRAHAM.—*(Apoyado en la chimenea.)* No se debería cometer ninguno. *(Ve el abanico de lady Windermere sobre el sofá.)*

DUMBY.—La vida sería muy aburrida sin ellos

CECIL GRAHAM.—Naturalmente le eres fiel por completo a esa mujer a quien amas, ¿verdad, Darlington?

LORD DARLINGTON.—Cecil, si uno ama realmente a una mujer, todas las demás mujeres del mundo carecen de significado para él. El amor nos cambia... Yo estoy cambiado.

CECIL GRAHAM.—¡Vaya! ¡Qué interesante! Tuppy, quiero hablar contigo. *(Lord Augustus no se da cuenta.)*

DUMBY.—Es inútil hablarle a Tuppy. Es como si hablaras con una pared de ladrillos.

CECIL GRAHAM.—Pero a mí me gusta hablarle a las paredes... ¡Son las únicas cosas del mundo que no me contradicen! ¡Tuppy!

LORD AUGUSTUS.—¿Qué hay? ¿Qué ocurre? *(Se levanta y va hacia Cecil Graham.)*

CECIL GRAHAM.—Acércate. Quiero hablarte privadamente. *(Aparte.)* Darlington ha estado moralizando y hablando de la pureza del amor y de todo eso, pero todo este tiempo ha habido alguna mujer en sus habitaciones.

LORD AUGUSTUS.—¡No! ¿De verdad?

CECIL GRAHAM.—*(En voz baja.)* Sí; aquí está su abanico. *(Señala el abanico.)*

LORD AUGUSTUS.—¡Diablos! ¡Diablos!

LORD WINDERMERE.—*(En la puerta.)* Realmente debo irme, lord Darlington. Siento mucho que abandone usted Inglaterra tan pronto. ¡Le ruego que nos avise cuando vuelva! ¡Mi esposa y yo estaremos encantados de verlo!

LORD DARLINGTON.—*(Se levanta a acompañar a lord Windermere.)* Temo que estaré fuera muchos años. ¡Buenas noches!

CECIL GRAHAM.—¡Arthur!

LORD WINDERMERE.—¿Qué?

CECIL GRAHAM.—Quiero hablar contigo un momento. ¡Ven!

LORD WINDERMERE.—*(Poniéndose el abrigo.)* No puedo... Debo irme.

CECIL GRAHAM.—Es algo muy particular. Te interesará enormemente.

LORD WINDERMERE.—*(Sonriendo.)* Será alguna de tus tonterías, Cecil.

CECIL GRAHAM.—¡No! No es ninguna tontería.

LORD AUGUSTUS.—*(Se acerca a lord Windermere.)* Mi querido amigo, no debes irte todavía. Tengo mucho que hablar contigo. Y Cecil tiene algo que enseñarte.

LORD WINDERMERE.—*(Yendo hacia él.)* Bueno, ¿qué es?

CECIL GRAHAM.—Darlington tiene una mujer aquí, en sus habitaciones. Ahí está su abanico. Divertido, ¿verdad? *(Una pausa.)*

LORD WINDERMERE.—¡Dios santo! *(Mira el abanico. Dumby se levanta.)*

CECIL GRAHAM.—¿Qué ocurre?

LORD WINDERMERE.—¡Lord Darlington!

LORD DARLINGTON.—*(Volviéndose.)* ¿Sí?

LORD WINDERMERE.—¿Qué hace el abanico de mi esposa en sus habitaciones? Déjame, Cecil. No me toques.

LORD DARLINGTON.—¿El abanico de su esposa?

LORD WINDERMERE.—¡Sí, aquí está!

LORD DARLINGTON.—*(Yendo hacia él.)* ¡No sé!

LORD WINDERMERE.—Debe saberlo. Le exijo una explicación. No me sujetes, idiota. *(A Cecil Graham.)*

LORD DARLINGTON.—*(Aparte.)* ¡Ella está aquí!

LORD WINDERMERE.—¡Hable usted! ¿Por qué está aquí el abanico de mi esposa? ¡Conteste! ¡Por Dios! Registraré sus habitaciones, y si mi mujer está aquí... *(Da un paso.)*

LORD DARLINGTON.—No registrará usted mis habitaciones. No tiene derecho a hacerlo. ¡Se lo prohibo!

LORD WINDERMERE.—¡Canalla! ¡No abandonaré su casa hasta que no haya registrado cada rincón de ella! ¿Qué se mueve tras esa cortina? *(Se abalanza hacia la cortina.)*

MISTRESS ERLYNNE.—*(Entrando por la derecha.)* ¡Lord Windermere!

LORD WINDERMERE.—¡Mistress Erlynne! *(Todos se estremecen y se vuelven. Lady Windermere se desliza por detrás de la cortina y sale por la puerta de la izquierda.)*

MISTRESS ERLYNNE.—Temo que he cogido por error el abanico de su esposa en vez del mío cuando dejé su casa esta noche. Lo siento mucho. *(Coge el abanico. Lord Windermere la mira con desprecio. Lord Darlington tiene una expresión de asombro y de ira. Lord Augustus vuelve la cabeza. Los otros se sonríen entre sí.)*

TELÓN

ACTO CUARTO

Escena: la misma del acto primero.

LADY WINDERMERE.—*(Sentada en el sofá.)* ¿Cómo podré decírselo? No puedo decírselo. Me mataría. Me pregunto qué ocurriría después que yo me marché de aquella horrible habitación. Quizá ella les dijo la verdadera razón de que estuviese allí y el verdadero significado de ese abanico fatal. ¡Oh! Si él lo sabe, ¿cómo podré volver a mirarle a la cara? Nunca me perdonaría. *(Toca el timbre.)* Pensamos que vivimos seguros..., libres de tentaciones, de pecados, de locuras. Y de repente... ¡Oh! La vida es terrible. Nos gobierna, no la gobernamos nosotros a ella. *(Entra Rosalie por la derecha.)*

ROSALIE.—¿Me ha llamado la señora?

LADY WINDERMERE.—Sí. ¿Sabe usted a qué hora llegó lord Windermere anoche?

ROSALIE.—El señor no llegó hasta las cinco...

LADY WINDERMERE.—¿A las cinco? ¿Ha llamado a mi puerta esta mañana?

ROSALIE.—Sí, señora...; a las nueve y media. Le dije que la señora no se había despertado todavía.

LADY WINDERMERE.—¿Dijo algo?

ROSALIE.—Algo sobre el abanico de la señora. No pude oír exactamente lo que dijo. ¿Se le ha perdido el abanico, señora? Yo no pude encontrarlo y Parker dice que no está en ninguna de las habitaciones. Las ha mirado todas, y también la terraza.

LADY WINDERMERE.—No importa. Dígale a Parker que no se moleste. *(Sale Rosalie. Lady Windermere se levanta.)* Estoy segura de que ella se lo ha dicho. ¿Por qué iba a dudar entre su ruina y la mía? ¡Qué extraño! Yo la hubiera afrentado en mi propia casa. Ella aceptó la afrenta pública en casa de otro para salvarme... Hay una amarga ironía en las cosas, una amarga ironía en la forma en que hablamos de las buenas y las malas mujeres... ¡Oh, qué lección! ¡Y qué lástima que en la vida aprendamos estas lecciones cuando ya no nos son útiles! Si ella no habla, yo debo hacerlo. ¡Oh! ¡Qué vergüenza! ¡Qué vergüenza! Decirlo es vivirlo todo otra vez. Las acciones son la primera tragedia de la vida y las palabras la segunda. Las palabras son quizá lo peor. Las palabras son despiadadas... ¡Oh! *(Se estremece cuando entra lord Windermere.)*

LORD WINDERMERE.—*(La besa.)* Margaret... ¡Qué pálida estás!

LADY WINDERMERE.—He dormido muy mal.

LORD WINDERMERE.—*(Sentándose con ella en el sofá.)* Lo siento mucho. Vine horriblemente tarde y no quise despertarte. Estás llorando, querida.

LADY WINDERMERE.—Sí, estoy llorando, porque tengo algo que decirte, Arthur.

LORD WINDERMERE.—Niña mía, tú no estás bien. Estás fatigada. Vámonos al campo. En Selby te encontrarás perfectamente. La temporada casi ha terminado. ¡Pobre vida mía! Vayámonos hoy si quieres. *(Se levanta.)* Podemos coger el tren de las tres cuarenta. Enviaré un cable a Fannen. *(Va hacia la mesa y se sienta para escribir el telegrama.)*

LADY WINDERMERE.—Sí; vámonos hoy. No; no puedo irme hoy, Arthur. Debo ver a alguien antes de dejar la ciudad..., alguien que ha sido muy buena conmigo.

LORD WINDERMERE.—*(Levantándose y apoyándose en el sofá.)* ¿Buena contigo?

LADY WINDERMERE.—Más que eso. *(Se levanta y se acerca a él.)* Te lo diré, Arthur; pero ámame, ámame como solías amarme.

LORD WINDERMERE.—¿Solía? ¿No estarás pensando en esa perversa mujer que vino aquí anoche? *(Se sienta a la derecha de ella.)* No imaginarás todavía... No, no puedes creer eso.

LADY WINDERMERE.—No lo creo. Ahora sé que estaba equivocada y que aquello era una locura.

LORD WINDERMERE.—Fuiste muy buena al recibirla anoche.... pero no debes volver a verla.

LADY WINDERMERE.—¿Por qué dices eso? *(Una pausa.)*

LORD WINDERMERE.—*(Cogiéndole una mano.)* Margaret, creí que mistress Erlynne era una mujer que en el fondo no era mala. Creí que quería ser distinta, volver al lugar que había perdido en un momento de locura, llevar otra vez una vida decente. Creí todo lo que ella me dijo..., pero estaba equivocado. Es mala..., tan mala como puede serlo una mujer.

LADY WINDERMERE.—Arthur, Arthur, no hables tan duramente sobre ninguna mujer. Ahora no creo que las personas puedan estar divididas en buenas y malas como si fuesen razas distintas. Las mujeres que llamamos buenas pueden llevar en su interior cosas terribles, tener momentos de locura, de celos, de pecado. Las mujeres malas, como se las llama, pueden tener momentos de dolor, de arrepentimiento, de compasión, de sacrificio. Y yo no creo que mistress Erlynne sea una mujer mala... Sé que no lo es.

LORD WINDERMERE.—Querida niña, esa mujer es imposible. No importa que intente extorsionamos; tú no la debes volver a ver. Es inadmisible en cualquier parte.

LADY WINDERMERE.—Pero yo quiero verla. Quiero que venga aquí.

LORD WINDERMERE.—¡Nunca!

LADY WINDERMERE.—Vino aquí una vez como invitada tuya. Ahora debe venir como invitada mía.

LORD WINDERMERE.—Nunca debería haber venido.

LADY WINDERMERE.—*(Levantándose.)* Ahora es demasiado tarde para decirme eso, Arthur. *(Se separa de él.)*

LORD WINDERMERE.—*(Levantándose.)* Margaret, si supieras adónde fue mistress Erlynne anoche después de dejar esta casa no querrías estar en la misma habitación que ella. Todo fue vergonzoso.

LADY WINDERMERE.—Arthur, no puedo soportarlo más. Debo decírtelo. Anoche... *(Entra Parker con una bandeja sobre la cual trae el abanico de lady Windermere y una tarjeta.)*

PARKER.—Mistress Erlynne ha venido a devolver el abanico de la señora que se llevó anoche por error. Mistress Erlynne ha escrito unas letras en la tarjeta.

LADY WINDERMERE.—¡Oh! Dígale a mistress Erlynne que tenga la bondad de pasar. *(Lee la tarjeta.)* Dígale que me alegra mucho verla. *(Sale Parker.)* Quiere verme, Arthur.

LORD WINDERMERE.—*(Coge la tarjeta y la mira.)* Margaret, espera un momento. Al menos déjame que la vea yo primero. Es una mujer peligrosa. La mujer más peligrosa que conozco. No la recibas.

LADY WINDERMERE.—Debo verla.

LORD WINDERMERE.—Niña mía, puedes estar al borde de un gran dolor. No vayas a su encuentro. Es absolutamente necesario que yo la vea antes que tú.

LADY WINDERMERE.—¿Por qué es necesario? *(Entra Parker.)*

PARKER.—Mistress Erlynne. *(Entra mistress Erlynne. Sale Parker.)*

MISTRESS ERLYNNE.—¿Cómo está usted, lady Windermere? *(A lord Windermere.)* ¿Cómo está usted? Siento muchísimo lo de su abanico, lady Windermere. No sé cómo pude tener una equivocación tan tonta, fue una estupidez mía. Pasaba por aquí y pensé que era una buena oportunidad para devolvérselo a su dueña, pedirle disculpas por mi descuido y decirle adiós.

LADY WINDERMERE.—¿Adiós? *(Va hacia el sofá con mistress Erlynne y se sienta a su lado.)* ¿Se va usted, mistress Erlynne?

MISTRESS ERLYNNE.—Sí; me voy a vivir otra vez al extranjero.. El clima inglés no me sienta bien. Mi... corazón se siente afectado aquí, y eso no me gusta. Prefiero vivir en el sur. Londres está demasiado lleno, de niebla y de gente seria, lady Windermere. No sé si será la niebla la que produce la gente seria o la gente seria la que produce la niebla, pero la cosa es que en conjunto todo me pone nerviosa y por eso esta tarde me voy.

LADY WINDERMERE.—¿Esta tarde? ¡Deseaba tanto verla!

MISTRESS ERLYNNE.—¡Qué amable es usted! Pero temo que tengo que irme.

LADY WINDERMERE.—¿Volveremos a verla, mistress Erlynne?

MISTRESS ERLYNNE.—Temo que no. Nuestras vidas están demasiado alejadas. Pero me gustaría que me hiciese un pequeño favor. Deseo una fotografía suya, lady Windermere... ¿Podría usted darme una? No sabe usted lo agradecida que le quedaría.

LADY WINDERMERE.—¡Oh! Encantada. Hay una sobre esa mesa. Se la enseñaré. *(Va hacia la mesa.)*

LORD WINDERMERE.—*(Acercándose a mistress Erlynne y hablando en voz baja.)* Es monstruosa su intrusión aquí después de su conducta de anoche.

MISTRESS ERLYNNE.—*(Con una sonrisa divertida.)* ¡Mi querido Windermere! ¡Los modales antes que la moral!

LADY WINDERMERE.—*(Volviendo.)* Temo estar demasiado bien... Yo no soy tan bonita. *(Muestra la fotografía.)*

MISTRESS ERLYNNE.—Es usted mucho más bonita. Pero ¿no tiene usted una en la que esté con su hijo?

LADY WINDERMERE.—La tengo. ¿Prefiere una de esas?

MISTRESS ERLYNNE.—Sí.

LADY WINDERMERE.—Debo ir a buscarla; excúseme un momento. La tengo arriba.

MISTRESS ERLYNNE.—Siento causarle tantas molestias, lady Windermere.

LADY WINDERMERE.—*(Va hacia la puerta de la derecha.)* No es ninguna molestia, mistress Erlynne.

MISTRESS ERLYNNE.—Muchas gracias. *(Sale lady Windermere por la derecha.)* Parece estar usted de mal humor esta mañana, Windermere. ¿Por qué? Margaret y yo estamos en relaciones magníficas.

LORD WINDERMERE.—No puedo soportar el verla con ella. Además, usted no me dijo la verdad, mistress Erlynne.

MISTRESS ERLYNNE.—Querrá usted decir que no le dije a ella la verdad.

LORD WINDERMERE.—*(En pie en el centro.)* A veces desearía que se la hubiese dicho. Me habría evitado el temor y la ansiedad de los últimos seis meses. Pero con tal que mi esposa no supiese... que la madre que ella creía muerta, la madre a la que ella había llorado como muerta, estaba viva..., era una mujer divorciada, con un nombre supuesto, una mala mujer, como yo sé que es usted... Con tal que no supiera eso, yo estaba dispuesto a darle a usted dinero, a pagarle todas sus cuentas, sus extravagancias, a exponerme a cosas como la de ayer: la primera discusión que he tenido con mi mujer. Usted no entiende lo que esto significa para mí. ¿Cómo podría entenderlo? Las únicas palabras amargas que han salido de sus dulces labios han sido por su culpa. Por eso detesto el verla junto a usted. Corrompe usted la inocencia que hay en ella. *(Va hacia la izquierda.)* Yo creía que a pesar de sus faltas era usted franca y honesta. Ahora veo que no.

MISTRESS ERLYNNE.—¿Por qué dice usted eso?

LORD WINDERMERE.—Usted me hizo que la diera una invitación para el baile de mi mujer.

MISTRESS ERLYNNE.—Para el baile de mi hija... Sí.

LORD WINDERMERE.—Vino usted, y una hora después de haber dejado la casa se encontraba usted en las habitaciones de un hombre... Está usted deshonrada ante todos. *(Se dirige hacia el centro.)*

MISTRESS ERLYNNE.—Sí.

LORD WINDERMERE.—*(Volviéndose hacia ella.)* Tengo derecho a considerarla como lo que es... Una mujer viciosa e indigna. Tengo derecho a decirle que no entre más en esta casa y que no intente nunca acercarse a mi mujer.

MISTRESS ERLYNNE.—*(Fríamente.)* A mi hija, querrá usted decir.

LORD WINDERMERE.—No tiene derecho a llamarla hija. Usted la dejó, la abandonó cuando aún era una niña, la abandonó por su amante, quien más tarde también la abandonó a usted.

MISTRESS ERLYNNE.—*(Levantándose.)* ¿Dice usted eso dando a entender que él salió ganando, lord Windermere..., o que salí ganando yo?

LORD WINDERMERE.—Salió ganando él, ahora que la conozco a usted.

MISTRESS ERLYNNE.—Tenga usted cuidado no se precipite en sus apreciaciones.

LORD WINDERMERE.—¡Oh! No tengo que medir las palabras con usted. La conozco perfectamente.

MISTRESS ERLYNNE.—*(Mirándole fijamente.)* Lo pongo en duda.

LORD WINDERMERE.—La conozco. Ha vivido durante veinte años sin su hija, sin un solo pensamiento para ella. Un día leyó en los periódicos que se había casado con un hombre rico. Vio usted que podía tener suerte. Sabía que para evitarle la ignominia de enterarse de que su madre era una mujer como usted yo lo soportaría todo. Usted empezó su chantaje.

MISTRESS ERLYNNE.—*(Encogiéndose de hombros.)* No utilice esas horribles palabras, Windermere. Son vulgares. Vi mi oportunidad, es cierto, y la aproveché.

LORD WINDERMERE.—Sí, la aprovechó.., y la echó a perder anoche al ser descubierta.

MISTRESS ERLYNNE.—*(Con una extraña sonrisa.)* Está usted en lo cierto: la eché a perder anoche.

LORD WINDERMERE.—Y en cuanto a su error al coger

el abanico de mi mujer de aquí y dejarlo en las habitaciones de Darlington, es imperdonable. No podré soportar verlo de nuevo. No dejaré jamás que mi esposa lo vuelva a usar. Está manchado para mí. Debería usted haberlo conservado y no haberlo traído nunca.

MISTRESS ERLYNNE.—Creo que lo conservaré. Es extremadamente bonito. *(Coge el abanico.)* Le pediré a Margaret que me lo dé.

LORD WINDERMERE.—Espero que mi mujer se lo dé.

MISTRESS ERLYNNE.—¡Oh! Estoy segura de que no pondrá ningún reparo.

LORD WINDERMERE.—Desearía que al mismo tiempo le diera una miniatura que besa todas las noches antes de rezar. Es la miniatura de una muchacha de aspecto inocente con un bello pelo negro.

MISTRESS ERLYNNE.—¡Ah, sí! Ya recuerdo. ¡Qué lejano me parece! *(Va hacia el sofá y se sienta.)* La hicieron antes que yo me casara. ¡El pelo negro y la expresión inocente estaban de moda entonces, Windermere! *(Una pausa.)*

LORD WINDERMERE.—¿Qué pretendía usted al venir aquí esta mañana? ¿Qué intentaba? *(Va hacia la izquierda y se sienta.)*

MISTRESS ERLYNNE.—*(En tono irónico.)* Decir adiós a mi querida hija, naturalmente. *(Lord Windermere se muerde el labio con ira. Mistress Erlynne le mira y su voz y su gesto se ponen serios. En su acento, al hablar, hay una nota de intenso dramatismo. Por un instante se revela a sí misma.)* ¡Oh! No se imagine usted que voy a tener una escena patética con ella, que voy a llorar abrazada a su cuello, que voy a decirle quién soy y cosas por el estilo. No tengo la ambición de hacer de madre. Solo una vez en mi vida supe lo que eran los sufrimientos maternales. Fue anoche, fue algo terrible... Me hicieron sufrir... Me hicieron sufrir demasiado... Durante veinte años, como usted dice, he vivido sin hija... Todavía quiero vivir sin ella. *(Ocultando sus sentimientos tras una risa frívola.)* Además, mi querido Windermere, ¿cómo podría yo tener una hija tan mayor? Margaret tiene veintiún años, y yo nunca he admitido más que veintinueve o treinta, como mucho. Veintinueve cuando hay pantallas rosadas y treinta cuando no las hay. Ya ve usted las dificultades que representaría. No; en lo que a mí concierne, su esposa seguirá teniendo ese recuerdo de su madre muerta inmaculada. ¿Por qué voy a romper sus ilusiones? Apenas puedo ya conservar las mías. Perdí una ilusión anoche. Creí que no tenía corazón. Noté que sí, y el corazón no me sienta, Windermere. Es algo que no va con los vestidos modernos. Le hace a una parecer vieja. *(Coge un espejo de la mesa y se mira en él.)* Y estropea nuestra carrera en los momentos críticos.

LORD WINDERMERE.—Me horroriza..., me horroriza terriblemente.

MISTRESS ERLYNNE.—*(Levantándose.)* Supongo, Windermere, que le gustaría que me retirase a un convento o me hiciese enfermera de hospital o algo por el estilo, como hacen las mujeres de las tontas novelas modernas. Eso es una estupidez, Arthur; en la vida real no se hacen tales cosas..., al menos mientras tenemos una bella apariencia. No... Lo que consuela hoy día no es el arrepentimiento, sino el placer. El arrepentimiento está completamente fuera de lugar. Y además, si una mujer se arrepiente de verdad, tiene que ir a un mal modisto, o de otra forma nadie la cree. Y nada en el mundo me inducirá a mí a hacer eso. No; voy a desaparecer por completo de sus vidas. Mi intromisión en ellas ha sido un error... Lo he descubierto anoche.

LORD WINDERMERE.—Un error fatal.

MISTRESS ERLYNNE.—*(Sonriendo.)* Casi fatal.

LORD WINDERMERE.—Ahora siento no habérselo contado todo a mi mujer al principio.

MISTRESS ERLYNNE.—Deploro las malas acciones. Usted deplora las buenas... Esa es la diferencia que hay entre nosotros.

LORD WINDERMERE.—No me fío de usted. Se lo diré a mi mujer. Es mejor que lo sepa, y de mis labios. Le causará un dolor infinito... Será para ella una humillación terrible, pero es justo que lo sepa.

MISTRESS ERLYNNE.—¿Se propone decírselo?

LORD WINDERMERE.—Voy a hacerlo.

MISTRESS ERLYNNE.—*(Se acerca a él.)* Si lo hace, haré mi nombre tan infame que corromperá cada momento de su vida. Causaré su ruina y la haré infeliz. Si osa usted decírselo, no habrá degradación, por grande que sea, en la que yo no caiga. No habrá acto vergonzoso que yo no cometa. Usted no se lo dirá... Se lo prohibo.

LORD WINDERMERE.—¿Por qué?

MISTRESS ERLYNNE.—*(Después de una pausa.)* Si le digo que me preocupo por ella y que la amo..., usted se burlará de mí, ¿verdad?

LORD WINDERMERE.—Creería que no era cierto. El amor de una madre significa devoción, desinterés, sacrificio. ¿Qué sabe usted de tales cosas?

MISTRESS ERLYNNE.—Tiene razón. ¿Qué puedo yo saber de esas cosas? No hablemos más sobre ello... En cuanto a decirle a mi hija quién soy yo, eso no se lo permito. Es mi secreto, no el suyo. Si pensara decírselo a ella, y creo que lo haré, se lo diría antes de abandonar esta casa... Si no, nunca se lo diré.

LORD WINDERMERE.—*(Iracundo.)* Entonces le ruego que deje la casa inmediatamente. Yo le presentaré sus excusas a Margaret. *(Entra lady Windermere por la derecha. Va hacia mistress Erlynne con una fotografía en la mano. Lord Windermere se pone tras el sofá y observa ansiosamente a mistress Erlynne en el transcurso de la escena.)*

LADY WINDERMERE.—Siento, mistress Erlynne, haberla hecho esperar. No encontraba la fotografía por ningún sitio. Por fin la descubrí en el cuarto de vestir de mi esposo... Me la había robado.

MISTRESS ERLYNNE.—*(Coge la fotografía y la mira.)* No me sorprende...; es encantadora. *(Va hacia el sofá con lady Windermere y se sienta junto a ella. Mira otra vez la fotografía.)* ¡Así que este es su hijito! ¿Cómo se llama?

LADY WINDERMERE.—Gerard, como mi querido padre.
MISTRESS ERLYNNE.—*(Dejando la fotografía.)* ¿Realmente?
LADY WINDERMERE.—Sí. Si hubiera sido una niña la hubiese llamado como mi madre. Mi madre se llamaba como yo: Margaret.
MISTRESS ERLYNNE.—Mi nombre también es Margaret.
LADY WINDERMERE.—¿De verdad?
MISTRESS ERLYNNE.—Sí. *(Pausa.)* Su marido me ha dicho, lady Windermere, que siente usted gran devoción por la memoria de su madre.
LADY WINDERMERE.—Todos tenemos ideales en la vida. Al menos deberíamos tenerlos. El mío es mi madre.
MISTRESS ERLYNNE.—Los ideales son cosas peligrosas. Las realidades son mejor. Nos hieren, pero son mejor.
LADY WINDERMERE.—*(Moviendo la cabeza.)* Si perdiera mis ideales, lo habría perdido todo.
MISTRESS ERLYNNE.—¿Todo?
LADY WINDERMERE.—Sí. *(Pausa.)*
MISTRESS ERLYNNE.—¿Le habló su padre muchas veces de su madre?
LADY WINDERMERE.—No; le causaba mucho dolor. Me dijo que mi madre había muerto unos meses después de nacer yo. Sus ojos se llenaban de lágrimas al hablar. Entonces me rogó que no volviese a mencionar nunca su nombre delante de él. Sufría al oírlo. Mi padre..., mi padre murió realmente de dolor. Su vida fue la más triste que he conocido.
MISTRESS ERLYNNE.—Temo que ahora tengo que irme, lady Windermere. *(Se levanta.)*
LADY WINDERMERE.—*(Levantándose también.)* ¡Oh, no!
MISTRESS ERLYNNE.—Creo que es lo mejor. Mi coche debe de haber vuelto ya. Lo envié a casa de lady Jedburgh con una nota.
LADY WINDERMERE.—Arthur, ¿quieres ir a ver si ha vuelto el coche de mistress Erlynne?

MISTRESS ERLYNNE.—Le ruego que no se moleste, lord Windermere.

LADY WINDERMERE.—Sí, Arthur; ve a verlo, por favor. *(Lord Windermere vacila un instante y mira a mistress Erlynne. Ella permanece completamente impasible. Después él abandona la habitación. A mistress Erlynne.)* ¡Oh! ¿Qué voy a decirle? Me salvó usted anoche. *(Va hacia ella.)*

MISTRESS ERLYNNE.—¡Oh! No hablemos de eso.

LADY WINDERMERE.—Debo hablar de eso. No puedo dejar que crea usted que voy a aceptar este sacrificio. No voy a hacerlo. Es demasiado grande. Voy a contarle todo a mi marido. Es mi deber.

MISTRESS ERLYNNE.—No es su deber... Al menos tiene usted deberes con otros además de con él. ¿No decía usted que me debía algo?

LADY WINDERMERE.—Le debo algo.

MISTRESS ERLYNNE.—Entonces pague su deuda con el silencio. Esa es la única forma en que puede pagarla. No estropee la única cosa buena que he hecho en mi vida. Prométame que lo que pasó anoche será un secreto entre nosotras. No debe usted destrozar la vida de su esposo. ¿Por qué arruinar su amor? No debe hacerlo. El amor se mata fácilmente. ¡Oh! ¡Qué fácilmente se mata! Déme su palabra, lady Windermere, de que nunca se lo dirá. Insisto en ello.

LADY WINDERMERE.—*(Inclinando la cabeza.)* Es su voluntad, no la mía.

MISTRESS ERLYNNE.—Sí; es mi voluntad. Y no olvide nunca a su hijo... Me gusta recordarla como madre. Me gusta pensar que usted lo es.

LADY WINDERMERE.—*(Mirándola.)* Ahora quiera serlo siempre. Solo una vez en mi vida he olvidado a mi propia madre... fue anoche. ¡Oh! Si la hubiese recordado no habría cometido esa locura.

MISTRESS ERLYNNE.—*(Con un ligero estremecimiento.)* ¡Oh! La noche pasada está ya muy lejana. *(Entra lord Windermere.)*

LORD WINDERMERE.—Su coche no ha vuelto todavía, mistress Erlynne.

MISTRESS ERLYNNE.—No importa. Cogeré uno de alquiler. No hay nada en el mundo como un buen coche de alquiler. Y ahora, querida lady Windermere, tengo que decirle definitivamente adiós. *(Va hacia el centro.)* ¡Oh! Ahora recuerdo. Creería usted que es absurdo, pero le he tomado cariño a este abanico que me llevé anoche por equivocación de su casa. ¿No le importaría regalármelo? Lord Windermere no se opone. Sé que es un regalo suyo.

LADY WINDERMERE.—¡Oh! Ciertamente; se lo daré con gran placer. Pero tiene grabado mi nombre: "Margaret."

MISTRESS ERLYNNE.—Pero nosotras tenemos el mismo nombre.

LADY WINDERMERE.—¡Oh! Lo había olvidado. Naturalmente puede quedarse con él. ¡Qué gran casualidad que nuestros nombres sean iguales!

MISTRESS ERLYNNE.—Una casualidad extraordinaria. Gracias... Hará que me acuerde siempre de usted. *(Estrecha la mano de lady Windermere. Entra Parker.)*

PARKER.—Lord Augustus Lorton. Ha llegado el coche de mistress Erlynne. *(Entra lord Augustus.)*

LORD AUGUSTUS.—Buenos días, muchacho. Buenos días, lady Windermere. *(Ve a mistress Erlynne.)* ¡Mistress Erlynne!

MISTRESS ERLYNNE.—¿Cómo está usted, lord Augustus? ¿Se encuentra completamente bien esta mañana?

LORD AUGUSTUS.—*(Fríamente.)* Completamente bien, gracias, mistress Erlynne.

MISTRESS ERLYNNE.—No parece estar del todo bien, lord Augustus. Se acuesta demasiado tarde..., y eso es malo para usted. Realmente debería cuidarse más. Adiós, lord Windermere. *(Va hacia la puerta después de hacerle una inclinación a lord Augustus. De repente sonríe y le mira desde detrás.)* ¡Lord Augustus! ¿No quiere usted acompañarme hasta el coche? Puede llevarme el abanico.

LORD WINDERMERE.—¡Permítame!

MISTRESS ERLYNNE.—No; quiero que sea lord Augustus. Tengo un mensaje especial para la querida duquesa. ¿No quiere usted llevarme el abanico, lord Augustus?

LORD AUGUSTUS.—Si realmente lo desea usted, mistress Erlynne...

MISTRESS ERLYNNE.—*(Riendo.)* Por supuesto que sí. Lo lleva usted graciosamente. Usted lo lleva todo graciosamente, querido lord Augustus. *(Cuando llega a la puerta mira un momento a lady Windermere. Los ojos de ambas se encuentran. Entonces se da la vuelta y sale por el centro, seguida por lord Augustus.)*

LADY WINDERMERE.—No volverás a hablar más en contra de mistress Erlynne, ¿verdad, Arthur?

LORD WINDERMERE.—*(En tono grave.)* Es mejor de lo que podría pensarse.

LADY WINDERMERE.—Es mejor que yo.

LORD WINDERMERE.—*(Sonriendo mientras le acaricia el cabello.)* Niña mía, ella y tú pertenecéis a mundos diferentes. En tu mundo el mal no ha entrado jamás.

LADY WINDERMERE.—No digas eso, Arthur. El mundo es el mismo para todos nosotros, y el bien y el mal, el pecado y la inocencia van por él cogidos de la mano. Cerrar los ojos a esa mitad de la vida que se puede vivir tranquilamente es como cegarse para poder andar con más seguridad en un terreno de abismos y precipicios.

LORD WINDERMERE.—*(La lleva a sentarse.)* Querida, ¿por qué dices eso?

LADY WINDERMERE.—*(Se sienta en el sofá.)* Porque yo, que había cerrado los ojos a la vida, he estado al borde del precipicio. Y alguien que nos había separado...

LORD WINDERMERE.—Nunca hemos estado separados.

LADY WINDERMERE.—Nunca debemos estarlo otra vez. ¡Oh Arthur! No me quieras menos y yo confiaré más en ti. Confiaré en ti absolutamente. Vayámonos a Selby. En el Rose Garden de Selby las rosas son blancas y rojas. *(Entra lord Augustus por el centro.)*

LORD AUGUSTUS.—¡Arthur, ella me lo ha explicado todo! *(Lady Windermere le mira horriblemente asustada. Lord Windermere se estremece. Lord Augustus coge a lord Windermere del brazo y le lleva a primer término. Habla rápidamente y en voz baja. Lady Windermere los observa aterrorizada.)* Mi querido amigo, ella me ha explicado todo el endemoniado asunto. Todos estábamos completamente equivocados. fue por mí por lo que fue a las habitaciones de Darlington. Primero llamó al club... El hecho es que quería quitarme mi incertidumbre... y le dijeron que me había ido... Me siguió... Naturalmente, se asustó al ver todos los que veníamos... y se retiró a otra habitación... Te aseguro que todo esto es de lo más satisfactorio para mí. Todos la tratamos brutalmente. Es la mujer justa para mí. La que más me conviene del mundo. La única condición que pone es que vivamos siempre fuera de Inglaterra. Una cosa estupenda. Fuera los endemoniados clubs, el endemoniado clima, los endemoniados cocineros y lo demás. ¡Estoy harto de todo!

LADY WINDERMERE.—*(Asustada.)* ¿Mistress Erlynne le ha...?

LORD AUGUSTUS.—*(Yendo hacia ella y haciéndole una profunda reverencia.)* Sí, lady Windermere... Mistress Erlynne me ha concedido el honor de aceptar mi mano.

LORD WINDERMERE.—Bien. ¡Ciertamente te casas con una mujer muy inteligente!

LADY WINDERMERE.—*(Cogiendo la mano de su esposo.)* ¡Ah! ¡Se casa usted con una mujer muy buena!

TELÓN

FIN DE
"EL ABANICO DE LADY WINDERMERE"